mission zeitreise

Für meinen Mann Xandi,
der mir immer Freund und Ratgeber ist!

Gabriele Rittig

Verschwörung gegen Julius Cäsar

Illustrationen
Jens Weber

G&D

Bibliografische Information Der Deutschen Bibliothek

Die Deutsche Bibliothek verzeichnet diese Publikation in Der Deutschen Nationalbibliografie; detaillierte bibliografische Daten sind im Internet über http://dnb.ddb.de abrufbar.

www.kinderbuchverlag.com

ISBN 978-3-7074-0269-8

2. Auflage 2007

Umschlagillustration: Jens Weber
Lektorat: Hubert Kapaun
Satz: grafik design jeannette pobst, wien
Druck und Bindung: Brüder Glöckler GmbH & Co KG, Wöllersdorf

In der neuen Rechtschreibung/2006

Inhalt

Die Zeitreisenden

Andrea Kaufmann
Tanja Gonzales
Alex Gonzales
Cornelia Kaufmann

Lukas Jansen

Zeithopper

Die Theater-Katastrophe

„Auch du, mein Sohn Brutus“, sprach Cäsar und brach in schallendes Gelächter aus.

Es war zum Verrücktwerden! Jedes Mal, wenn Alex Gonzales, der den Cäsar spielte, an diese Stelle kam, musste er lachen. „Du sollst nicht lachen, sondern würdevoll sterben“, keifte Andrea völlig entnervt.

Es war die Generalprobe zu ihrer Theateraufführung „Cäsar erobert Rom“ und Andrea Kaufmann war die Regisseurin des Stückes. Händeringend stand sie da und flehte: „Alex, bitte! Diese Szene ist nicht komisch. Cäsar fällt einer Verschwörung zum Opfer. Er wird ermordet! Glaubst du, der echte Cäsar hätte das lustig gefunden?“

„Tschuldigung“, prustete Alex. „Ich kann nichts dafür. Robert ist mit diesem albernen Gummimesser eben so witzig. Und dann erst diese Grimassen … PPfffhh.“ Ein neuerlicher Lachkrampf folgte.

„Wo er Recht hat, hat er Recht“, verteidigte Tanja Gonzales ihren Bruder. Sie saß mit Cornelia Kaufmann im Zuschauerraum und beobachtete das Durcheinander auf der Bühne.

„Arme Andrea“, ergriff nun Cornelia für ihre Schwester Partei. „Wenn das so weitergeht, bekommt sie noch einen Nervenzusammenbruch. Sie kann schon seit Tagen nicht mehr richtig schlafen. Hat panische Angst, sich vor der ganzen Schule zu blamieren.“

Tanja nickte verständnisvoll. „Wenn kein Wunder geschieht, wird genau das passieren.“

Alex hatte seiner Schwester von seinen Schwierigkeiten mit Robert, der den Brutus spielte, erzählt. Robert Kautz war der Klassenclown schlechthin und ein perfekter Grimassenschneider. Und mit Robert hatte es sich Alex bei der Rollenvergabe verscherzt. Robert hätte alles dafür gegeben, den Julius Cäsar spielen zu dürfen, doch er musste sich mit der Rolle des Brutus zufrieden geben.

„Du hättest die Hauptrolle sowieso mit einem Witz verpatzt, Robert", hatte Alex gestichelt. Ein Fehler, wie sich herausstellte.

Robert hatte sich vorgenommen, Alex bis auf die Knochen zu blamieren. Er wusste, wie leicht man Alex zum Lachen bringen konnte. „Ich wette, du vermasselst die Vorstellung auch, Alex", hatte Robert gesagt.

„Wette angenommen", antwortete Alex keck.

Die anderen aus der Theatergruppe hatten von dieser Abmachung keine Ahnung. Andrea sah den kichernden Cäsar verständnislos an. „Am liebsten würde ich dich rausschmeißen! Du hast nur Glück, dass ich auf die Schnelle niemanden für die Rolle auftreiben kann." Sie atmete einmal tief durch und sagte dann: „Also, gut, das Ganze noch einmal von vorne."

Alex rollte verzweifelt seine Augen und drehte sich zu Robert um. „So, mein Freund, wenn du das mit dem blöden Gesicht noch mal machst, dann stirbt zur Abwechslung mal nicht Cäsar, sondern Brutus in dieser Szene, verstanden?“

„Das wird sich noch herausstellen“, sagte Robert grinsend.

Die Proben gingen weiter. Alex musste wieder lachen, Andrea bekam einen Tobsuchtsanfall und Brutus blieb am Leben. Die Generalprobe wurde zum Fiasko.

Alex hatte sich umgezogen, die anderen Schauspieler waren schon gegangen. Völlig niedergeschlagen saß er nun vor Tanja und Cornelia im fast leeren Theatersaal und musste sich Andreas Vorwürfe anhören.

„Er macht das nicht absichtlich“, sagte Tanja, als ihr Blick auf das Häufchen Elend, das ihr Bruder war, fiel.

Da näherte sich ein Mann mittleren Alters der kleinen Gruppe. „Na, na, na. So lange Gesichter sehe ich aber gar nicht gerne.“

Als die vier ihn erblickten, hellten sich ihre Gesichter auf.

„Hallo, Lukas!“, riefen sie wie aus einem Mund. „Schön, dich zu sehen.“

Lukas Jansen grinste. „Auch schön, euch zu sehen. Übrigens hab ich bei der Probe zugesehen. Ist gar nicht schlecht, das Stück“, sagte er mit einem Augenzwinkern zu Alex.

„Schon, wenn ich es nicht ständig vermasseln würde“, jammerte der Junge.

„Na ja, vielleicht würden dir ein paar waschechte Römer auf die Sprünge helfen?“, meinte Lukas leichthin.

Andrea begann zu strahlen. Alles, was ihr Stück retten konnte, wurde dankend angenommen. Außerdem wusste sie genau, was Lukas damit sagen wollte.

Seit sie Lukas kennen gelernt hatten, waren sie schon einige Male mit ihm durch die Zeit gereist. Lukas konnte sie mit seinem Zeithopper in längst vergangene Zeiten bringen. Und jedes Mal, wenn sie mit ihm unterwegs gewesen waren, hatten sie die tollsten Abenteuer erlebt.

„Du meinst, ins alte Rom?“, rief Tanja begeistert.

„Ja, genau. Ein kleiner Blick auf Cäsar könnte unserem Jungschauspieler hier bestimmt nicht schaden.“

Alex nickte eifrig.

„Aber bevor es losgeht, müsst ihr mir noch etwas versprechen.“

„Versprochen!“, riefen alle vier gleichzeitig. Sie wussten nur zu gut, was jetzt kam. Es war dieselbe Predigt, die Lukas immer vom Stapel ließ, bevor sie starteten. Niemandem verraten, aus welcher Zeit sie kamen, nichts in der Geschichte verändern und so weiter und so weiter. Warum er das bloß immer wiederholen musste? Als könnte er Gedanken lesen, sagte Lukas: „Ich weiß, dass ihr diesen Spruch kennt, aber immerhin habt ihr die Zeitlinie bereits einmal verändert, schon vergessen?“

Wie konnten sie das vergessen. Damals, als sie zum

ersten Mal durch die Zeit gereist waren, waren sie in eine Zeitspalte geraten, hatten eine Entführung verhindert und damit die Zeitlinie verändert.

„Na ja, aber immerhin haben wir damit den Ort Puchenstein vor einer Katastrophe bewahrt“, rechtfertigte sich Alex.

Doch Lukas blieb unerbittlich. „Ihr hattet Glück. Immerhin hättet ihr genauso gut eine noch größere Katastrophe anrichten können. Also, keine Zeitveränderungen, einverstanden?“

„Einverstanden“, versprachen alle vier mit Unschuldsmiene.

„Schon gut, schon gut.“ Lukas gab sich geschlagen. Wie konnte er dieser Bande auch widerstehen. „Lasst uns mal in eurem Theaterfundus nach ein paar geeigneten Sachen zum Anziehen suchen.“

Mit Feuereifer durchstöberten sie die Kleiderschränke der Theatergarderobe. Da hingen lange Kleider mit Spitzenhäubchen neben einem Baumkostüm aus der letzten Robin-Hood-Aufführung, Feen- und Zauberer-kostüme und – ah ja – da waren die Kostüme für die morgige Aufführung. Alex’ Toga, ein weißes, kleidähnliches Ding, das bis zu den Knien reichte, mit purpurroter Spitze an den Rändern, war das prächtigste Kostüm von allen. Voll Ehrfurcht zog Alex sie über. Dann legte er die Tunika, eine Art Wickeltuch, das von einer vergoldeten Brosche über der Schulter zusammengehalten wurde, an.

„Du siehst toll aus“, sagte Andrea anerkennend. „Aber pass bloß auf, dass du die Sachen nicht ruinierst. Die hat meine Mutter extra für die Vorstellung genäht.“

„Na klar, mach dir keine Sorgen.“

Die Mädchen hatten sich in römische Kleider, die mit gekreuzten Bändern in den verschiedensten Farben geschnürt wurden, gezwängt. Auch sie trugen kunstvoll geschlungene Tücher darüber.

„Nun seht ihr ja schon aus wie richtige Römer“, stellte Lukas, der sich auch in eine Toga geworfen hatte, zufrieden fest. „Dann lasst uns mal sehen, wie viel Zeit wir dieses Mal bekommen.“ Er zückte den Zeithopper und hämmerte in die Tasten des kleinen Gerätes.

Lukas konnte ihr Reiseziel und die gewünschte Jahreszahl bestimmen, doch wie lange sie in der Vergangenheit bleiben durften, konnte er nicht bestimmen. Diese Entscheidung blieb dem Zufall überlassen. Sekunden nach der Eingabe ertönte ein leiser Piepton. Der Zeithopper war bereit. Einhundertdrei erschien auf dem Display. „Er gibt uns einhundertdrei Stunden“, sagte Lukas.

„Nicht mehr?“ Tanja war enttäuscht.

„Aber das sind doch nur … mal nachrechnen … nur ein bisschen mehr als vier Tage“, protestierte Alex.

Bisher hatte der Zeithopper es immer sehr gut mit ihnen gemeint. Einmal hatte er ihnen sogar zweieinhalb Wochen gegeben. Aber vier Tage, das war mit Abstand die kürzeste Zeitreise, die ihnen jemals zugestanden worden war.

„Tut mir leid, Kinder. Ich kann es nicht ändern. Aber vier Tage sind doch besser als nichts, oder?“

„Das auf jeden Fall“, pflichtete ihm Cornelia bei.

„Gut, kann es losgehen?“, fragte Lukas.

„Kann losgehen“, sagte Alex.

Lukas drückte den Eingabeknopf.

Andrea stopfte das Theaterskript, das sie in der Hand hielt, schnell in ihre Tasche. Schon zuckte ein greller Blitz durch den Raum und blendete sie. Auch das metallische Kreischen, das ihr jedes Mal die Haare zu Berge stehen ließ, war zu hören. Dann hatte sie das Gefühl, als würde sie in eine bodenlose Tiefe fallen. Ihr Magen rebellierte. Diesmal hatte sie der Zeitsprung überrascht.

„Wenn Lukas doch nur einen Weg finden würde, wie man ohne diese unangenehmen Nebenwirkungen durch die Zeit reisen könnte“, dachte sie. Die Umrisse um sie herum wurden deutlicher. Steinerne Bauten wurden erkennbar. Andrea spürte die warmen Sonnenstrahlen auf ihrer Haut und die Luft war erfüllt vom Duft der Ginsterbüsche. Sie waren im römischen Imperium gelandet und das Abenteuer konnte beginnen.

Lukas stand an einen Meilenstein gelehnt und beobachtete seine Schützlinge fasziniert. Staunend erkundeten Alex, Andrea, Tanja und Cornelia die fremdartige Umgebung. Sie standen am Rande einer breiten mit Steinen gepflasterten Straße. Zu beiden Seiten befanden sich wunderschön gestaltete Monumente. Große und kleine, runde und eckige, einige waren mit Statuen verziert. Alle Monumente hatten Ziegeldächer, selbst die allerkleinsten.

„Was ist das?“, wollte Tanja wissen. „Und wo ist Rom?“

„Das sind Grabmonumente“, erklärte Lukas. „Die Römer durften ihre Toten nicht in der Stadt begraben. Deshalb bauten sie ihnen hier vor der Stadt entlang der Straßen diese Gräber. Je größer die Monumente, umso reicher waren die Leute.“

Tanja schluckte „Heißt das, wir stehen mitten auf einem riesigen Friedhof? Wie gruselig.“

„Klar – und manchmal stehen die Besitzer aus ihren Gräbern wieder auf“, meinte Alex.

„Sehr witzig, Blödmann.“

Andrea schenkte dem Gezänke der Geschwister keine Aufmerksamkeit. Ihr Blick haftete an einem Riesenmonument. „Seht mal, da muss ein besonders reicher Römer begraben sein“, sagte sie. Das Grabmal war rund und stand auf einem Sockel. In kunstvoll verzierten

Nischen waren mindestens zehn Statuen platziert. Als Andrea aus dem Schatten dieses Monsterbaues trat, konnte sie die ganze Straße einsehen.

„Seht mal, da vorne beginnt die Stadt", sagte sie und setzte sich in Bewegung.

Cornelia folgte ihrer Schwester. „Auf geht's. Rom, wir kommen!", rief sie vergnügt.

Niemand achtete auf das Stück Papier, das hinter ihnen vom Wind davongetragen wurde. Wer hätte auch ahnen können, wie viel Ärger ihnen dieser Zettel noch machen würde.

Alle Wege führen nach Rom

Es herrschte reges Treiben auf der Via Appia, der Straße, auf der sie nun ihrem Abenteuer entgegenmarschierten. Bald erreichten sie die Stadtmauer. Groß und mächtig zog sie sich schützend um die Stadt.

„Warum hast du uns nicht direkt in die Stadt gebracht?“, fragte Tanja, die es vor lauter Aufregung kaum noch aushalten konnte.

„Zu viele Römer in Rom“, sagte Lukas lachend. „Stell dir mal vor, wenn wir aus dem Nichts mitten auf dem Forum Romanum in einer Versammlung aufgetaucht wären. Die Römer hätten gedacht, Jupiter persönlich sei erschienen. Am Ende hätten sie uns noch zu Göttern erhoben.“

„Na ja, wenn man's genau nimmt, hab ich schon was Göttliches an mir. Alexius Optimus, klingt doch gut, oder?“, sagte Alex und schlug sich mit der Faust gegen die Brust.

„Ha, Alexius Optimus, dass ich nicht lache“, holte Tanja ihren Bruder wieder auf den Boden der Tatsachen herunter. „Zu dir würde eher Alexius Großkotzius passen.“

Das hatte gesessen. Alle lachten, selbst Alex. Dieser Punkt ging an seine Schwester.

Gut gelaunt marschierte die kleine Gruppe in die größte Stadt dieser Zeit. Als sie die Stadttore passiert hatten, bot sich ihnen ein erstaunliches Bild. In den belebten, engen Gassen zwischen hoch aufragenden Häusern herrschte buntes Treiben. Händler boten ihre Waren auf Märkten oder in Tavernen feil. Wunderschöne Tonkrüge wurden neben feinem Tuch und verführerisch riechenden Gewürzen verkauft. In vielen Läden wurden Silberwaren angeboten und aus den Bäckereien duftete es verboten gut.

„Seht euch das an!", rief Tanja entzückt und lief auf einen Schmuckstand zu.

„Zum ersten Mal in Rom?", fragte plötzlich ein Junge, der neben ihnen stehen geblieben war.

„Ja", antwortete Alex.

„Tolle Stadt, nicht wahr? Wisst ihr schon, wo ihr wohnen werdet?"

„Nein, wir sind eben erst angekommen", sagte Lukas. „Wir müssen uns erst etwas Passendes suchen."

„Das könnte schwierig werden. Im Moment ist ziemlich viel los in Rom. Die Parade der Staatspferde steht vor der Tür und dann kommen die Spiele von Pompeius Magnus. Aber das wisst ihr sicher. Deshalb seid ihr ja vermutlich hier, nicht wahr? Übrigens, mein Name ist Quintus Tiberius Rufus“, sprudelte der Junge hervor. „Aber ihr dürft mich Quintus nennen.“

„Wie kann man bloß so schnell reden?“, dachte Andrea, als sie dem Jungen fasziniert zuhörte. Quintus war einen Kopf kleiner als Alex und von nicht allzu kräftiger Statur. Er hatte feuerrotes Haar und furchtbar große Ohren. Seine großen, grauen Augen blickten aufgeweckt und fröhlich von einem zum anderen.

„Ihr habt Glück, mich getroffen zu haben“, sagte Quintus und lachte. „Bei uns im Haus ist noch eine

Wohnung frei. Wenn ihr wollt und bezahlen könnt, zeig ich euch, wo es ist."

„Aha, geschäftstüchtig ist er also auch", dachte Lukas. „Wir nehmen dein Angebot gerne an – und bezahlen können wir auch", sagte er und folgte Quintus, der durch die engen, mit Menschen gefüllten Gassen flitzte. Seine Füße waren genauso flink wie sein Mundwerk. Sie hatten Mühe, ihm zu folgen. Es ging an Häuserzeilen, Monumenten, Triumphbögen und Luxusvillen vorbei. Auf einer Hügelkuppe blieb Quintus plötzlich stehen. „Da unten ist das Forum Romanum", erklärte er und deutete zwischen ein paar Häusern hinab auf das Zentrum Roms. „Aber das kann ich euch später noch zeigen."

„Einen Fremdenführer haben wir also auch schon gefunden", dachte Alex zufrieden. Und weiter ging es durch die Straßen Roms.

„Hier wären wir", sagte Quintus und blieb stehen. Fast wäre ihm Tanja hinten draufgekracht. Als Letzter kam Lukas angekeucht. „Ich bin auch nicht mehr der Jüngste", schnaufte er.

Eine Frau von fester Statur und mit feuerrotem Haar kam auf Quintus zu. Es war seine Mutter Aurelia.

„Die freie Wohnung ist in diesem Gebäude hier", erklärte Aurelia. Voll Freude hatte sie von ihrem Sohn vernommen, dass er neue Mieter angeschleppt hatte.

„Die Wohnung ist im ersten Stock, hat Fließwasser

und eine eigene Latrine“, sagte die Mutter stolz. „Sie ist sehr geräumig. Eine bessere werdet ihr hier in der Subura nicht finden. Sogar einen Senator habt ihr als Nachbarn. Er hat die Nebenwohnung gemietet.“

Ein Senator in dieser Gegend, das war allerdings eine Überraschung. Sonst kamen die Senatoren aus besseren Gegenden. Hauptsächlich wohnten sie auf dem Palatin, einem der sieben Hügel Roms, und gehörten den altehrwürdigen patrizischen Familien oder zumindest dem Ritterstand an.

Lukas hatte da so einen Verdacht, um wen es sich bei diesem Senator handeln könnte, doch wollte er den Kindern noch nichts verraten. Die hätten bestimmt wieder irgendeinen Blödsinn ausgeheckt, wenn sie gewusst hätten, wer ihr Nachbar war.

Die Wohnung war tatsächlich nicht schlecht. Natürlich hatte sie weder Kabelfernsehen noch Mikrowelle. Doch abgesehen davon, gab es drei gemütliche Zimmer, von denen zwei als Schlafräume benützt werden konnten. Einer für Lukas und Alex, den anderen würden sich die Mädchen teilen.

„Und das hier ist der Speiseraum“, sagte Quintus' Mutter. Hier waren die Wände mit wunderschönen Malereien verziert. „Sieht eher aus wie noch ein Schlafraum. Wo sind die Stühle?“, flüsterte Cornelia ihrer Schwester ins Ohr.

„Das sind Liegen, du Schlaumeier", erklärte Andrea ihrer unwissenden Schwester. „In dieser Zeit wurde im Liegen gegessen."

Cornelia gefiel diese Vorstellung. Doch dann fiel ihr Blick auf ein Mosaikbild an der Wand. Es zeigte ein Wagenrennen. Cornelia konnte ihre Augen gar nicht von den aus kleinsten Steinchen zusammengesetzten Pferden abwenden. „Sieh dir das an. Sind diese Pferde nicht wunderschön?", sagte sie zu Alex, der neben sie getreten war. Auch ihn faszinierte das Bild. Erinnerungen an seine Wagenfahrt mit Pharao Tutanchamun im alten Ägypten kamen ihm in den Sinn. Er hätte viel dafür gegeben, noch einmal in so einem Wagen zu fahren.

Andrea, die seine Gedanken zu erraten schien, sagte nur: „Hast du vergessen, wie du damals durch die Luft gesegelt bist?"

Alex strafte sie mit einem bösen Seitenblick. „Das würde mir kein zweites Mal passieren. Ganz sicher nicht."

Quintus bemerkte ihre Begeisterung. „Wenn ihr wollt, könnt ihr morgen mit mir in den Circus Maximus kommen. Ich kenne dort einen der Wagenlenker. Vielleicht können wir vorher in den Wagenboxen vorbeischauen. Dann seht ihr die echten Pferde."

Natürlich wollten sie und es dauerte nicht lange, bis sie Lukas breitgeschlagen hatten, ihnen diesen Ausflug zu gestatten. Quintus hatte versprochen, auf die Bande aufzupassen, und die vier versprachen hoch und heilig, keinen Unfug anzustellen.

Doch vorerst galt es, erst einmal die leeren Bäuche zu füllen. Obwohl sich alle sehr auf das erste Essen im Liegen gefreut hatten, mussten sie doch feststellen, dass es nicht so einfach war, wie es aussah. Da durfte man endlich einmal beim Essen herumlümmeln und dann war das sooo unbequem. Wirklich zu ärgerlich. Nach kürzester Zeit hatten sie sich von oben bis unten vollgekleckert.

Nach dem Essen waren die Kinder viel zu aufgekratzt, um ins Bett zu gehen. Deshalb beobachteten sie von ihrem kleinen Balkon aus das bunte Treiben unter ihnen. Rom war zum Bersten voll mit Menschen. Es war wie ein riesiger Rummelplatz.

Das Landvolk war in die Stadt gekommen, um sich die Spiele zu Ehren des Apollo anzusehen, die wie jedes Jahr zu dieser Zeit stattfinden würden. Nur sollten sie dieses Jahr noch besser, noch prachtvoller werden. Die beiden Konsuln dieses Jahres, Pompeius Magnus und Marcus Crassus, lieferten einander einen erbitterten Wettbewerb um die Gunst des Volkes. Jeder von ihnen wollte der Bessere und Beliebtere sein. So versprachen die nächsten Wochen, ein nicht enden wollendes Fest zu werden. Den Anfang machte der Konsul Gnaeus

Pompeius Magnus – Pompeius der Große – mit seiner Staatspferde-Parade. Dann wollte er Siegesspiele veranstalten und danach begannen die Römischen Spiele. Sicher würden die Römer Unmengen von Pompeius-Statuen in der Stadt aufstellen und das wiederum würde Marcus Crassus, seinen Konsulkollegen, ärgern. Doch auch Marcus Crassus hatte sich etwas überlegt. Obwohl bekannt war, dass er Geld über alles liebte und sich nur sehr ungern davon trennte, wollte er die ganze Bevölkerung von Rom zu einem freien Essen auf seine Kosten einladen. Er hatte angekündigt, zehntausend Tische randvoll mit Essen zu packen. Außerdem hatte Marcus Crassus noch eine Überraschung parat, die er in letzter Sekunde aus dem Hut zaubern wollte. Doch Näheres war darüber nicht bekannt.

Das alles hatten die Kinder und Lukas in den letzten fünf Minuten von Quintus, der Plaudertasche, erfahren. Er war wie eine wandelnde Klatschzeitung. So waren die Zeitreisenden in kürzester Zeit über die wichtigsten Ereignisse unterrichtet worden.

„Was, meinst du, ist an dem Gerücht über Marcus Crassus' Überraschung dran?", überlegte Cornelia. Sie konnte es überhaupt nicht leiden, wenn ein Geheimnis in der Luft hing. Überraschungen waren ja schön und gut, doch sie durften einen nicht zu sehr auf die Folter spannen.

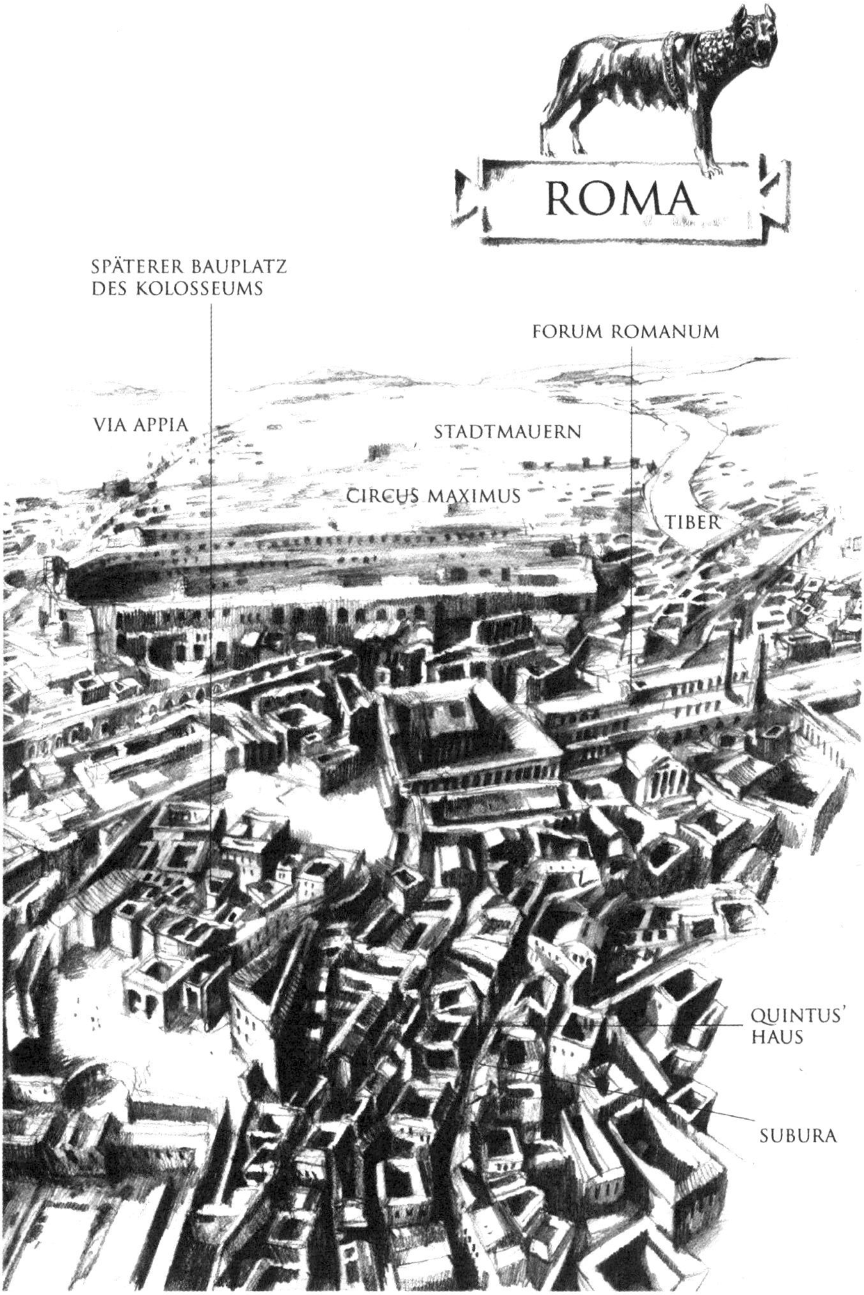

ROMA
SPÄTERER BAUPLATZ
DES KOLOSSEUMS
FORUM ROMANUM
VIA APPIA
STADTMAUERN
CIRCUS MAXIMUS
TIBER
QUINTUS'
HAUS
SUBURA

„Ehrlich gesagt, weiß das in Rom fast niemand“, gab Quintus zu. „Ich hab unabsichtlich bei eurem Nachbarn gelauscht, als er von einer großen Überraschung sprach.“

„Unabsichtlich gelauscht?“, sagte Tanja gedehnt. „Das ist gut, das muss ich mir merken, wenn ich wieder mal wo lausche.“ Sie sah Quintus spitzbübisch an und er grinste verlegen.

Auch Lukas hatte ein verschmitztes Lächeln auf den Lippen. Allerdings aus einem anderen Grund.

Nachdem Quintus sich verabschiedet und versprochen hatte, gleich morgen Früh wieder zu kommen, sagte Lukas: „Wer hat Lust auf ein Rätsel?“

„Ein Rätsel?“

„Worum geht's?“

„Sag schon.“

Alle waren mit Feuer und Flamme dabei.

„Es geht um unseren Nachbarn. Wer ist ein guter Freund des Konsuls Marcus Crassus, war schon als junger Mann Senator und wohnte nicht auf dem Palatin, sondern wurde in dieser Gegend geboren?“

Ein Strahlen erschien auf Alex' Gesicht. „Du meinst doch nicht etwa …?“

„Ja, genau“, bestätigte Lukas. „Unser Nachbar ist Julius Cäsar.“

„Ist nicht wahr!“, stieß Andrea begeistert hervor. „Das nenn ich einen Glückstreffer.“

„Können wir nicht rübergehen und ‚Hallo' sagen?", fragte Cornelia ungeduldig.

Entsetzt sah Lukas sie an. „Nein, das können wir nicht! Und tut mir einen Gefallen, wenn ihr ihm begegnet – starrt ihn bloß nicht an wie eine Zirkusattraktion. Verstanden?"

Verstanden hatten ihn alle. Die Frage war nur, ob sie sich daran halten würden.

Cäsar

In der folgenden Nacht konnte Andrea nicht einschlafen. Sie befand sich mitten im alten Rom. Hier lebten die Menschen – waren nicht nur Legenden – aus längst vergangenen Tagen. Und sie war unter ihnen. Das Theaterstück und das dabei drohende Fiasko hatte sie fast vergessen. Allmählich wurde es auf der Straße ruhiger. Bald rumpelten nur noch die Fuhrwerke über das Kopfsteinpflaster. Sie lauschte angestrengt in die Nacht. Vielleicht rührte sich ja etwas in der Nachbarwohnung. Lukas war anderer Meinung gewesen: „Das ist nur seine Zweitwohnung. Die benutzt er nur, um in Ruhe arbeiten zu können“, hatte er ihnen vor dem Schlafengehen erklärt.

„Doch wer weiß, Lukas hat sich vielleicht geirrt. Möglicherweise ist Cäsar doch zu Hause“, dachte Andrea. Aber es schien nicht so. Kein Laut, kein Mucks. Sie döste bereits, als plötzlich …

Knarrrr.

„Halt, da war doch etwas.“ Andrea saß wieder hellwach in ihrem Bett. Das Zimmer der Mädchen grenzte direkt an Cäsars Wohnung und Andrea war sich sicher, ein Geräusch von dort gehört zu haben. Oder hatte sie sich geirrt? Nein, da war es schon wieder. Ein Knarren, als ob jemand Möbel rücken würde. Es war eindeutig jemand zu Hause.

„Vielleicht könnte ich einen Blick vom Balkon in die Wohnung riskieren?“, dachte sie. Andrea stand leise auf, warf einen Blick aus dem Fenster und schlich auf den Balkon. Kurz hatte sie überlegt, Cornelia zu wecken, aber den Gedanken gleich wieder verworfen. Ihre Schwester würde sich wie ein Elefant im Porzellanladen benehmen und bestimmt das halbe Haus aufwecken. Es musste weit nach Mitternacht sein, eine leichte Brise machte die brütende Hitze erträglich.

„So ein Pech aber auch“, dachte Andrea, als sie sah, dass der Balkon knapp vor dem Fenster der Nebenwohnung endete. Sie musste sich weit über das steinerne Geländer lehnen, wenn sie einen Blick in die Wohnung erhaschen wollte. „Das ist doch lächerlich“, sagte sie sich selbst. „Was hab ich mitten in der Nacht hier auf dem Balkon zu suchen?“

Es war diese lästige Neugier, die sie veranlasste, hier herauszuschleichen und sich weit, viel zu weit über den Rand des Balkons zu beugen. Sie hatte Glück, am Anfang zumindest. Gerade in dem Moment, als sie in der richtigen Position war, wehte ein Windstoß die Vorhänge, die ihr bis jetzt die Sicht versperrt hatten, zur Seite und sie konnte ungehindert ins Zimmer blicken. „Ich hab Recht. Da ist jemand zu Hause.“ Eine kräftige Gestalt lehnte mit dem Rücken zu ihr über einem Schreibpult und sah Schriftrollen an. Die einzige Lichtquelle war eine Öllampe am Rand des Schreibpultes. „Du wirst dir die Augen ruinieren“, hätte ihre Mutter dazu gesagt. Doch dann schoss ihr ein ganz anderer Gedanke durch den Kopf: „Warum, zum Geier, macht sich dieser Cäsar nicht mehr Licht, wenn er arbeitet?“ Es sah beinahe so aus, als wollte er etwas verbergen. Sie hätte bestimmt noch länger darüber nachgedacht, wenn sie nicht plötzlich den Halt verloren hätte. Wild mit den Händen um sich schlagend, versuchte Andrea verzweifelt, sich irgendwo festzuhalten. Doch vergeblich. Sie würde abstürzen und sich den Hals brechen. Es bestand kein Zweifel. Doch da griff plötzlich eine Hand nach ihr und …

„Was machst du denn da?“, fragte Cornelia und zog ihre Schwester wieder über die Brüstung zurück.

Andreas Herz raste. „Danke“, japste sie atemlos. Gerade wollte sie Cornelia erklären, warum sie hier herumturnte, als sie Schritte aus der Nachbarwohnung hörte. Cäsar musste sie gehört haben. Kein Wunder bei dem Wirbel, den sie veranstaltet hatte.

„Schnell, duck dich“, zischte Andrea und zog Cornelia hinter die steinernen Säulen des Balkongeländers in Deckung.

Im nächsten Augenblick erschien eine Gestalt am Fenster und spähte in die Dunkelheit.

Das sollte Cäsar sein?

Dieser hässliche Kerl?

So hatten ihn sich die Mädchen nicht vorgestellt. Dieser Mann war von kräftiger Statur. Er hatte schwarzes, gekräuseltes Haar und buschige Augenbrauen. Seine dunklen Augen spähten gefährlich in die Nacht. Eine Narbe zog sich quer über sein Gesicht und auch seine Arme waren von hässlichen Narben übersät. So viel konnten die Mädchen im spärlichen Licht entdecken. Der Mann blickte sich nach allen Seiten um und kehrte dann zurück ins Zimmer. Andrea und Cornelia hatte er übersehen.

„Na, das ist ja ein schöner Reinfall“, beschwerte sich Cornelia. „Da reisen wir zweitausend Jahre in die Vergangenheit, nur um rauszufinden, dass Cäsar in Wirklichkeit potthässlich war.“

Auch Andrea war enttäuscht. „Und ich hätte mich fast vom Balkon gestürzt, für einen Blick auf ihn.“

Die Mädchen gingen enttäuscht ins Bett und am nächsten Tag erinnerte nur mehr Andreas abgeschürfter Ellenbogen an ihr nächtliches Abenteuer. Als sie es den beiden anderen erzählten, meinte Tanja nur: „Die Akrobatiknummer hätte ich gern gesehen.“

Als Quintus am späten Vormittag auftauchte, um sie zum Wagenrennen abzuholen, war Cäsar vergessen.

„Seid ihr startklar“, fragte Quintus vergnügt. „Wir haben Glück. Ich hab gestern erfahren, dass mein Freund Sextus heute am Rennen teilnimmt. Hält mir immer direkt beim Start Plätze frei. Ein wirklich feiner Kerl. Ist bei uns im Haus aufgewachsen und mit meinem Bruder gut befreundet.“

Gemeinsam marschierten sie durch die Straßen Roms, vorbei an Monumenten, Triumphbögen und Parks zum Circus Maximus.

„Na, was sagt ihr dazu?“, fragte Quintus und zeigte voller Stolz auf die Rennbahn. Man hätte glauben können, er höchstpersönlich hätte den Circus Maximus erbaut.

„Zugegeben, das Ding ist beeindruckend“, sagte Alex. Quintus schob sie an der Menschenmenge vorbei, die sich vor dem Eingang drängte. „Wir müssen da lang“, sagte er vergnügt. Er führte sie vorbei an den Zuschauertribünen, die sich schon füllten, geradewegs zu den Wagenställen. Dort wurden die Pferde vor die Wagen gespannt. Es waren wunderschöne, hochgewachsene Tiere, die bestimmt ein Höllentempo vorlegen konnten.

„Das sind also deine neuen Freunde?“, sagte ein junger Mann zu Quintus und klopfte ihm freundschaftlich auf die Schulter. Es war Sextus. Er war durchtrainiert, aber nicht sehr groß. Genau die richtige Statur für einen Wagenlenker. Seine rote Tunika und der Rock aus gefranstem Leder sahen aus, als hätte er schon so manches Rennen überstehen müssen. Sextus begrüßte die Neuankömmlinge und entschuldigte sich dann: „Tut mir leid, dass ich jetzt keine Zeit für euch habe, aber wenn ich mich nicht beeile, beginnt das Rennen ohne mich. Viel Spaß, wir sehen einander nachher.“ Damit wandte er sich wieder den Pferden zu.

Andrea, Cornelia, Tanja und Alex folgten Quintus auf ihre Plätze mit direktem Blick zum Startbereich und der darüber errichteten Ehrentribüne. Quintus hatte ihnen erklärt, dass von dort aus die Senatoren und Adeligen das Rennen verfolgten und ihre Wetten abschlossen. Dann war es so weit. Ein weißes Tuch wurde von der Tribüne heruntergeworfen und gleichzeitig waren Trompetenfanfaren zu hören – das Startsignal. Die vier Wagen mit jeweils vier Pferden schossen aus ihren Abteilen. Die Menge johlte vor Begeisterung. Dort, wo die Wagen vorbeipreschten, sprangen die Menschen von ihren Sitzplätzen auf und feuerten den Fahrer an, auf den sie gewettet hatten.

„Ja, Sextus, du schaffst es!“, brüllte Quintus seinem Freund zu. Sextus hatte sich nach der dritten Runde auf den zweiten Platz vorgearbeitet. Quintus’ Gesicht leuchtete vor Aufregung fast so rot wie sein Haar. Er machte seinem Namen, Rufus, das bedeutet der Rothaarige, alle Ehre.

„Wie viele Runden geht das Rennen?“, fragte Alex, der nicht weniger aufgeregt war.

„Sieben.“

Als die Wagen in der fünften Runde an ihnen vorbeidonnerten, sah es für Sextus nicht mehr so gut aus. Der Wagenlenker der weißen Mannschaft hatte ihn in der letzten Kurve gerammt und abgedrängt. Sextus wäre fast aus dem Wagen gefallen. Die Menge hatte dieses Manöver mit Jubel begrüßt. Bis auf diejenigen, die auf das rote Team, also auf Sextus, gesetzt hatten. Die hatten mit den Fäusten gedroht und geflucht.

Cornelias einzige Sorge galt den Pferden. Als sie das lautstark kundtat, erntete sie von Quintus nur einen verständnislosen Blick.

Das Rennen ging nun in die heiße Phase. Auch auf der Ehrentribüne saß mittlerweile niemand mehr auf seinem Sitz.

Als Andrea einen Blick auf die Tribüne warf, sah sie neben einem groß gewachsenen Mann mit Halbglatze … Cäsar? Ja, das war Cäsar!

„Schau, da oben ist Cäsar", sagte Andrea zu ihrer Schwester.

„Wo?"

„Na da oben, neben dem Mann mit der Halbglatze", meinte Andrea ungeduldig und blickte nochmals zur Tribüne hinüber. Doch Cäsar war verschwunden. „Merkwürdig, eben war er noch da."

„Das würde mich aber sehr wundern", mischte sich Quintus ein. „Erstens ist Cäsar zurzeit bei einem Prozess auf dem Forum Romanum und hat bestimmt keine Zeit, um zu den Spielen zu kommen, und zweitens ist der Mann da oben, na ja, nicht gerade Cäsars Freund."

„Sehr seltsam", dachte Andrea. Sie war sich ganz sicher, Cäsar da oben gesehen zu haben.

Das Rennen war mittlerweile in die letzte Runde gegangen und nun tobten die Zuschauer. Sextus hatte sich wieder auf den zweiten Platz vorgeschoben. Kopf an Kopf kämpfte er jetzt mit dem Wagenlenker des weißen Teams. Nur noch wenige Meter trennten sie vom Ziel.

„Mach schon, Sextus", kreischte Quintus.

„Ich kann gar nicht hinsehen", rief Cornelia und hielt sich die Hände vor die Augen. Doch dann öffnete sie die Finger gerade so weit, damit sie durchsehen konnte.

Tanja blinzelte hinter Alex' Rücken hervor und ihr Bruder feuerte Sextus lautstark an. Der Wagen hatte sich jetzt um eine halbe Pferdelänge abgesetzt. Es sah aus, als würde Sextus gewinnen. Doch der Wagenlenker des weißen Teams trieb seine Pferde an wie ein Wahnsinniger. Als er auf gleicher Höhe mit Sextus war, holte er erneut mit seiner Peitsche aus. Doch anstatt sie auf den Rücken seiner Pferde niedersausen zu lassen, schlug er in Sextus' Richtung. Und traf. Das genügte, um den erfahrenen Wagenlenker aus dem Gleichgewicht zu bringen. Zwar nur für ein paar Sekunden, doch die nützte der Fahrer des weißen Teams, um zu gewinnen.

„Das ist doch … habt ihr das gesehen?!", empörte sich Alex. Seine Stimme ging im Jubel der Menge unter. Diese letzte Aktion war zwar äußerst unfair gewesen, aber beim Wagenrennen herrschten andere Gesetze.

„Das machen die immer so", sagte Quintus sauer.

Schnell eilten sie zur Wagenbox, wo Sextus soeben

dabei war, sich das blutige Gesicht zu säubern. Die Peitsche hatte ihn quer übers Gesicht getroffen. Der rote Striemen war deutlich zu sehen.

„Beim Jupiter, war das ein Rennen!“, rief Sextus. „Beim nächsten Mal mach ich ihn fertig. Das wird mir diese Ratte büßen.“ Ein böses Grinsen breitete sich auf seinem Gesicht aus. Dann, als hätte er mit dem Tuch nicht nur das Blut, sondern auch seine schlechte Laune weggewischt, fügte er hinzu: „Verdammt gutes Rennen. Wirklich, verdammt gut.“ Er ging zu seinen Pferden, die gerade von zwei Sklaven seines Teams versorgt wurden, und klopfte ihnen anerkennend die Flanken.

Eine Strassenschlacht mit Folgen

Cornelia hätte sich gerne noch ein wenig mit Sextus über diese unglaublich schönen Pferde unterhalten, doch leider wurde er von einer Menschentraube umringt. Mit Gold behängte, fein gekleidete Männer drängten sich um ihn und löcherten ihn mit Fragen zum Rennen. Frauen standen daneben und himmelten ihn an. Mit anderen Worten, Sextus hatte für Quintus und seine Freunde keine Zeit mehr.

Auf dem Heimweg erzählte Quintus ihnen von früheren Siegen seines Freundes und dass er einmal sogar in hohem Bogen aus dem Wagen geflogen war.

„Muss aber ein höchst unangenehmes Gefühl sein, was meinst du, Alex?“, neckte Tanja ihren Bruder.

„Das war damals nicht meine Schuld. Das Rad ist gebrochen“, verteidigte sich Alex, der die Anspielung auf seinen Streitwagenunfall im alten Ägypten sehr wohl verstanden hatte.

Quintus spitzte die Ohren. „Du fährst auch Rennen?“, wollte er wissen.

„Ähm … nur manchmal“, sagte Alex verlegen. Wie sollte er auch diesem rothaarigen Jungen erklären, dass er zusammen mit einem jungen Pharao einen Streitwagen gelenkt hatte, und das zu einer Zeit, zu der es das Römische Reich noch nicht einmal gegeben hatte. Quintus hätte das nicht verstanden. Der Junge war voll und ganz damit beschäftigt, seine neuen Freunde mit Geschichten über „seine Stadt“ zu beeindrucken. Als sie einen Häuserblock von ihrem Wohnhaus entfernt um eine Ecke bogen, erstarrte Quintus plötzlich. „Oh, oh, jetzt gibt's Ärger“, flüsterte er.

„Ärger? Wieso?“, fragte Alex verwirrt.

„Die Kerle dort“, sagte Quintus und zeigte auf eine Gruppe Jungen, die auf der anderen Straßenseite herumlungerten. „Kommt schnell, wir verschwinden, vielleicht haben sie uns noch nicht gesehen.“ Er machte auf dem Absatz kehrt und zog die anderen mit sich. Doch zu spät.

„Schau an, wer da die Fliege macht“, hörten sie eine Stimme hinter sich rufen. „Und neue Freunde hat er auch gefunden.“ Die Gruppe Jungen kam auf Quintus zu.

„Mist, sie haben mich gesehen“, meinte Quintus und wurde sichtlich nervös.

„Wer ist denn diese Bohnenstange?“, flüsterte Alex. Auch er spürte, dass Ärger in der Luft lag.

„Das sind die Antonius-Brüder und ein paar ihrer Freunde. Der Lange da ist Marcus Antonius, der Anführer dieses elenden Haufens. Sie machen hier das ganze

Viertel unsicher. Ständig legen sie sich mit jemand an, belästigen vorbeikommende Menschen und bestehlen sie sogar. Auf mich haben sie es besonders abgesehen. Und seit mich Julius Cäsar einmal vor ihnen gerettet hat, sind sie besonders sauer. Würden es mir bestimmt heimzahlen, haben sie gesagt. Haben mich aber nicht erwischt. Bis jetzt", fügte er verlegen hinzu.

Schon baute sich Marcus Antonius vor ihnen auf, den Rücken gestärkt von seinen Freunden. „Wisst ihr überhaupt, mit welchem Waschlappen ihr euch da abgebt?", fragte Marcus Antonius herausfordernd. „Das ist Rufus, der Rotschopf. Scin Papi ist im Bürgerkrieg gegen Sulla gefallen. Hat sich wohl die falsche Seite ausgesucht, genau wie sein Söhnchen. Na, du Held, wo ist denn nun Julius Cäsar, dein großer Beschützer. Ich sehe ihn nicht. Könnt ihr ihn sehen?", wollte er von seiner Bande wissen. Die lachten nur und schüttelten die Köpfe.

„Das ist also Marcus Antonius", dachte Andrea. Auch ihn hatte sie sich anders vorgestellt. Er würde einmal der Liebhaber von Königin Kleopatra von Ägypten sein und die rechte Hand Cäsars. Dieser pickelgesichtige Junge da? Nein, das konnte sie sich beim besten Willen nicht vorstellen. Er war ihr schlichtweg unsympathisch. Spätere Berühmtheit hin oder her.

Der junge Bandenführer fuhr fort, Quintus vor seinen Freunden zu blamieren. „So, du Feuerzwerg, weil wir hier schon so nett beieinanderstehen – wenn du hier vorbei willst, musst du dafür bezahlen. Wegzoll. Verstehst du? Für dich und für deine Freunde hier. Ist wohl deine Verstärkung. Eine dürre Sardine und drei Mädchen. Mit denen wirst du aber nicht weit kommen.“ Seine Truppe lachte wieder pflichtgetreu über den Witz ihres Anführers.

„Jetzt reicht's aber!“, schrie Quintus und versuchte sich größer zu machen, als er war. „Lass uns in Ruhe, du Hohlkopf.“

„Was sagst du da?“ Marcus Antonius hatte aufgehört zu grinsen und drohte Quintus nun mit der Faust.

„Das hast du doch gehört. Er sagte: ‚Lass uns in Ruhe, Hohlkopf‘“, zischte Alex wütend. Er hatte jetzt genug von diesem Angeber. Lukas würde ihn dafür vermutlich erwürgen, doch hier ging das „Nichteinmischen“ zu weit. Er konnte nicht einfach daneben stehen und zusehen, wie dieser Kerl den viel kleineren Quintus fertigmachte. Hier ging es um die Ehre.

Nun mischte sich auch noch Cornelia ein. „Von dir hab ich schon gehört, Marcus Antonius“, sagte sie überheblich. „Du sollst ja weniger Hirn im Kopf haben als Quintus in der kleinen Zehe.“

Nun war „Quintus' Bande“ an der Reihe, über Cornelias Bemerkung zu lachen. Quintus stand nur mit offenem Mund da und staunte, vollkommen überwältigt, dass es dieses Mädchen gewagt hatte, für ihn Partei zu ergreifen. Er, Quintus, musste diese Bemerkung allerdings mit dem ersten Schlag bezahlen, den der Älteste der Antonius-Brüder gegen ihn führte. Die Faust des kräftigen Jungen traf Quintus mit solcher Wucht, dass es ihn von den Füßen riss. Er landete hart im Rinnsal. Doch Marcus Antonius konnte seinen Triumph nicht lange genießen. Alex war nun endgültig der Kragen geplatzt. Er versetzte dem Jungen einen ordentlichen Rippenstoß, sodass dieser nach Luft rang. Dann geriet der Streit völlig außer Kontrolle. Die anderen Mitglieder der Bande stürzten sich auf Alex und begruben ihn förmlich unter sich. Quintus, der durch Alex' Eingreifen plötzlich Mut gefasst hatte, kam seinem Verteidiger zu Hilfe. Nun wälzten sich die Jungen in einem Haufen auf dem gepflasterten Straßenboden. Quintus und Alex würden verlieren, so viel stand fest. Die Übermacht der anderen war zu groß. Nur hatte die Antonius-Bande die Rechnung ohne die Mädchen gemacht. Mit einem markerschütterndem Schlachtruf stürzte sich Tanja ins Gewühl, um ihrem Bruder beizustehen. Sekunden später folgten Cornelia und Andrea. Das Gleichgewicht war wieder hergestellt. Oder besser gesagt, nicht so ganz. Denn die römischen Jungen hatten nicht mit drei wild gewordenen Mädchen gerechnet, die sich auf der Straße prügelten. Das war in dieser Zeit nicht üblich. „Richtig unfair ist das“, fanden die römischen Jungs. Mädchen hatten zu Hause zu sitzen und Sitte und Anstand zu lernen, anstatt sich zu prügeln. Und noch dazu kämpften diese Mädchen mit allen Mitteln. Sie traten, kratzten und bissen. Das war zu viel für die Antonius-Bande. Sie suchte laut fluchend das Weite. Allerdings nicht ohne von den Zuschauern rundherum gehörig verlacht zu werden. Es hatte sich ein regelrechter Menschenring um den verkeilten Haufen gebildet. Einige der Umstehenden waren schon mal Opfer der Antonius-Bande und ihrer Streiche geworden. Die fanden es natürlich besonders komisch, dass die Jungen sich von den drei Mädchen in

die Flucht schlagen ließen. „Das werdet ihr mir büßen!“, schimpfte Marcus Antonius über seine Schulter, als er wutschnaubend abzog.

Quintus und Alex rappelten sich auf. Die beiden hatte es am schlimmsten erwischt. Quintus blutete aus der Nase und seine Unterlippe war aufgesprungen. Alex hatte ein blaues Auge und eine Beule am Kopf. Aber auch die Mädchen hatten einiges abbekommen. Ein blutiges Knie, ein abgeschürfter Ellenbogen und … noch ein Veilchen. Es zierte Cornelias rechtes Auge. Alle fünf waren dreckverschmiert und ihre Kleidung war zerrissen. Aber sie hatten gewonnen.

„Ich freu mich schon auf die Moralpredigt, die wir uns von Lukas anhören können“, jammerte Tanja. „Der verpasst uns bestimmt für den Rest unseres Aufenthalts Hausarrest.“

„Noch dazu, wenn er erfährt, dass wir uns mit Marcus Antonius geprügelt haben“, sagte Andrea.

„Der hatte vielleicht einen Faustschlag. Wie alt ist dieser Kerl eigentlich?“, wollte Cornelia wissen.

„Groß wie er ist, könnte man ihm vierzehn, fünfzehn Jahre geben. Aber in Wirklichkeit ist er erst dreizehn“, sagte Quintus.

Als sie um die Ecke des Wohnhauses bogen, wussten sie immer noch nicht, wie sie Lukas erklären sollten, was eben geschehen war. „Wir könnten doch sagen, wir sind mit einem Wagen im Circus Maximus zusammengestoßen“, machte Cornelia einen Versuch.

„Vergiss es. Das glaubt er uns nie“, meinte Andrea.

Sie mussten wohl oder übel die Wahrheit sagen. Ziemlich mutlos schleppten sie sich die Stiegen hinauf. In diesem Augenblick öffnete sich die Tür der Nebenwohnung und ein junger Mann trat auf den Gang. Er hielt eine Menge Akten im Arm. Als er aufblickte und die Kinder sah, blieb er erschrocken stehen. „Beim Jupiter, wie seht ihr denn aus?“ Dann erkannte er den Jungen mit dem roten Schopf, der als Letzter die Treppe heraufkam. „Quintus, was ist passiert?“

„Marcus Antonius und seine Bande, Cäsar“, sagte Quintus. „Diesmal haben sie mich erwischt.“

Cäsar!? Hatte Quintus eben Cäsar gesagt? Aber das war unmöglich. Dieser Mann war mittelgroß, hatte blondes, nicht zu dichtes Haar und graue, leuchtende Augen, fein geschnittene Züge und eine typisch römische Adlernase. Ja, das war Julius Cäsar, wie sie ihn aus den Büchern kannten. Doch wer war dann der Mann, den sie letzte Nacht in Cäsars Wohnung und heute im Circus Maximus gesehen hatten? Andrea sah Cornelia fragend an. Doch Cornelia antwortete mit einem ebenso ratlosen Schulterzucken.

Cäsar stieß die Tür zu seiner Wohnung auf und ließ die Kinder eintreten. Die Akten legte er auf eine

Kommode neben der Tür, die Kinder führte er ins Triclinium, den Essraum. Dann verschwand er und kam kurze Zeit später mit einem Stapel nasser und einem Stoß trockener Tücher wieder. „Kopf zurück!“, befahl er Alex und Cornelia und tupfte mit einem nassen Tuch vorsichtig auf das geschwollene Auge Cornelias. „Ein Mädchen zu schlagen, so eine Gemeinheit“, schimpfte er, als er sich Cornelias Veilchen ansah.

„Ich hab's denen aber auch ganz schön gegeben“, sagte Cornelia stolz.

Cäsar bedachte sie mit einem anerkennenden Blick. „Recht so, das gehört diesen Raufbolden aber auch. Diese Antonius-Brüder sind eine Schande. Die können was erleben.“

„Nein, bitte nicht“, flehte Quintus. „Sonst muss ich es wieder ausbaden, wenn sie mich alleine erwischen.“

„Ich glaube auch, dass das nicht nötig sein wird“, half Alex dem verzweifelten Quintus. „Das halbe Viertel hat zugesehen, als sie vor uns geflüchtet sind, und hat sie ausgelacht. Das wird ihnen bestimmt eine Lehre sein.“

„Na gut, wenn ihr meint? Aber wenn sie euch noch einmal belästigen, möchte ich es wissen. Dann können sich diese Rüpel auf was gefasst machen“, sagte Cäsar, dem der Mut der Kinder gefiel. „Wisst ihr, die Subura ist ein hartes Pflaster. Dieses Viertel ist nicht gerade das Luxusviertel von Rom. Aber wer hier aufwächst, kann sich durchsetzen. Und schon so mancher aus diesem Viertel ist zu Ehre und Ruhm gekommen. Auch ich stamme von hier und habe es immerhin schon zum Senator gebracht. Auch unser Quintus hier wird einmal ein großer Mann sein. Er hat das Herz am rechten Fleck. Und wenn die Götter mithelfen, wird vielleicht aus diesem Marcus Antonius auch noch mal etwas."

Was Quintus betraf, war das nicht sicher, doch wie weit es Cäsar einmal bringen würde, konnte man in unzähligen Büchern nachlesen. Na ja, und auch der Raufbold Marcus Antonius wird dort erwähnt.

Nachdem das letzte Knie und der letzte Ellenbogen gesäubert und verbunden waren, fragte Cäsar ratlos: „Was soll ich jetzt mit euch machen? Ich muss zum Forum Romanum. Dort wird mein Mandant schon ungeduldig warten."

„Mach dir um uns keine Sorgen", sagte Quintus eifrig.

„Wir müssen Lukas erklären, was vorgefallen ist", sagte Alex.

„Wer ist Lukas?", wollte Cäsar wissen.

„Unser Vater" –

„Unser Onkel" –

„Was jetzt?", fragte Quintus verwirrt.

„Na ja, eigentlich ist er unser Onkel, aber er ist wie ein Vater für uns", klärte Andrea das Durcheinander auf.

„Gut gemacht", flüsterte Cornelia ihrer Schwester zu.

„Gut, wie auch immer“, meinte Cäsar. „Ich werde euch begleiten und diesem Lukas erklären, was vorgefallen ist. So viel Zeit hab ich gerade noch.“

Cäsar wurde ihnen immer sympathischer. Was konnte Lukas ihnen schon groß anhaben, wenn sie mit Julius Cäsar im Schlepptau ankamen?

Cäsars Erscheinen verfehlte seine Wirkung nicht. Lukas hatte schon so manche Persönlichkeit aus der Geschichte getroffen, doch als er Julius Cäsar gegenüberstand, verschlug es ihm die Sprache. Natürlich erkannte er ihn sofort. Als sein Blick auf den ramponierten Haufen hinter Cäsars Rücken fiel, stöhnte er allerdings auf: „Oh nein, was haben sie diesmal wieder angestellt?“

„Angestellt gar nichts“, versicherte Cäsar. „Sie haben sich sehr ehrenhaft verhalten. Sie haben dem jungen Quintus Rufus in der Not beigestanden“, sagte Cäsar mit ernstem Gesicht. „Du kannst sehr stolz auf diese Kinder sein, Lukas. Sie haben sich gegen die Übermacht einer berüchtigten Straßenbande gestellt und sie in die Flucht geschlagen.“

Übermacht war zwar übertrieben, aber die Kinder würden sich hüten, etwas anderes zu behaupten. Lukas war zuerst bestürzt und dann stolz.

„Cäsar ist einfach genial“, dachte Alex.

Cäsar hatte seine Pflicht getan und den Kindern eine Moralpredigt erspart. Nun war es allerdings Zeit für ihn zu gehen. „Wenn ich meinen Klienten auch so gut verteidige wie euch eben, bin ich für heute zufrieden“, sagte er und verabschiedete sich. An der Tür drehte er sich noch einmal um. „Kommt mich doch wieder einmal besuchen, wenn ihr wollt.“

„Aber … ja … natürlich … gerne“, stotterte Andrea. Julius Cäsar hatte sie eingeladen, wiederzukommen. Es hätte nicht besser laufen können.

Nicht lange nach Cäsar verließ auch Quintus seine Freunde. Auch er sah wie ein Legionär nach einer Schlacht aus. Das musste er seiner Mutter erst einmal erklären. Denn so weit hatte dieser grässliche Marcus Antonius Recht gehabt. Quintus' Vater war in den Wirren nach dem Bürgerkrieg gefallen. Seine Mutter hatte danach nicht wieder geheiratet. Das Einzige, was ihr geblieben war, war dieses Haus. Sie vermietete die Wohnungen, um sich und Quintus durchzubringen. Doch das Haus war alt und dauernd war etwas zu reparieren. So reichte das Geld von den Wohnungsmieten gerade so recht und schlecht. Nun hatte aber Quintus, der bei seinen neuen Freunden Eindruck schinden wollte, an diesem Morgen seine besten Sachen angezogen. Die weiße Festtagstunika mit der purpurroten Toga. Er hatte sich damit heimlich aus dem Haus geschlichen. Das Donnerwetter seiner Mutter würde fürchterlich werden.

Alex, Tanja, Andrea und Cornelia wussten davon

nichts. Sie beschäftigte eine ganz andere Frage. Nämlich: Wer war der Mann, den Andrea und Cornelia in Cäsars Wohnung gesehen hatten?

„Vielleicht jemand, den Cäsar in seiner Wohnung hat arbeiten lassen?“, vermutete Tanja.

„Möglich“, meinte Andrea nachdenklich. „Aber er hat sich schon sehr merkwürdig verhalten. Findest du nicht, Cornelia? So, als hätte er etwas gesucht.“

„Ein Einbrecher meinst du? Ich hab mir doch gleich gedacht, er sieht verdächtig aus.“

Doch Alex war mit dieser Variante nicht zufrieden. „Normalerweise stehlen Einbrecher auch etwas. Aber in Cäsars Wohnung hat es nicht ausgesehen, als ob jemand eingebrochen hätte. Und Cäsar hat auch nichts gesagt.“

„Aber, was wollte der Kerl dann?“

„Wer weiß. Informationen vielleicht?“, meinte Alex. „Fragt sich nur, ob er sie gefunden hat.“

„Ach so, du meinst, er könnte nochmals zurückkommen?“, fragte Andrea.

„Ja, genau. Vielleicht sogar heute Nacht. Wir sollten Wache halten, für den Fall, dass dieser Mann heute Nacht wiederkehrt“, meinte Alex.

„Und was machen wir, wenn er tatsächlich wieder kommt?“, wollte Tanja wissen.

„Na ja, wir schlagen Alarm oder verfolgen ihn oder so was. Das werden wir entscheiden, wenn es so weit ist.“

„Mit anderen Worten, wir mischen uns ein", stellte Andrea trocken fest. „Wenn Lukas das erfährt, nimmt er uns nie wieder auf eine Zeitreise mit."

„Erstens ist bis jetzt noch gar nichts passiert", rechtfertigte Alex seinen Plan, „und zweitens darf er uns eben nicht erwischen."

Andrea gab sich geschlagen. Wenn Alex sich etwas in den Kopf gesetzt hatte, war es sowieso sinnlos, ihm das auszureden. „Von mir aus. Aber du schiebst die erste Wache." Zumindest damit hatte sie sich durchgesetzt.

Alex übernahm die erste Wache mit Feuereifer. Gleich nachdem Lukas eingeschlafen war, schlich er auf den Balkon und machte es sich unter seiner Decke gemütlich. Andrea übernahm die zweite Wache, dann kam Tanja an die Reihe und zum Schluss war Cornelia dran. Sie hatten vereinbart, dass der „Detektiv vom Dienst" die anderen sofort wecken sollte, wenn sich etwas rührte. Doch es tat sich nichts. Die ganze Nacht lang blieb es in der Nachbarwohnung ruhig. Cäsar hatte diese Nacht in seiner anderen Wohnung verbracht. Also hätte der Einbrecher ungestört arbeiten können.

Vollkommen übermüdet und enttäuscht saßen die vier am nächsten Tag beim Frühstück. Was war schiefgegangen? Warum war der Mann nicht wieder aufgetaucht? Hatte er etwa schon gefunden, wonach er gesucht hatte?

Die Parade der Staatspferde

Auch Quintus machte kein besonders glückliches Gesicht, als er nach dem Frühstück bei seinen neuen Freunden auftauchte. Seine Mutter hatte weder getobt noch geschimpft, sie hatte etwas viel Schlimmeres getan, sie hatte geweint. Das furchtbarste Donnerwetter machte Quintus nichts aus. Doch wenn seine Mutter weinte, war sie von ihm enttäuscht. Und dann fühlte er sich hundeelend. Er hatte doch den Streit nicht angefangen.

„Das nicht“, hatte seine Mutter geschluchzt, „aber du hast die neuen Sachen genommen, obwohl du wusstest, dass sie für die Staatspferde-Parade aufgespart werden sollten.“

Er war vor ihr gestanden wie ein begossener Pudel, wie ein reumütiger Sünder. Vermutlich hatte er ihr so leidgetan, dass sie ihre Enttäuschung vergessen und ihn seufzend in die Arme genommen hatte. „Gut, mein Junge, dann wirst du eben in deinen alten Sachen zur Parade gehen“, hatte sie gesagt und geschnieft.

Da stand Quintus nun vor seinen neuen Freunden in seinen alten Sachen, an einem Tag, an dem sich ganz Rom in Schale geworfen hatte, um die Staatspferde-

Parade des Konsuls Pompeius Magnus zu sehen. Quintus' Mutter Aurelia war mitgekommen, natürlich in ihrem besten Kleid. Lukas und sie hatten tags zuvor vereinbart, gemeinsam mit den Kindern zu diesem Spektakel zu gehen. „Wir sollten uns auf den Weg machen, wenn wir noch einen guten Platz bekommen wollen", sagte Quintus' Mutter. „Die Parade der Staatspferde findet heute zum ersten Mal nach Jahrzehnten wieder statt. Halb Rom wird da sein."

Als die kleine Gruppe auf dem Forum Romanum ankam, drängten sich dort schon unglaubliche Menschenmassen. „Hier kommt die Parade vorbei", erklärte Quintus. Er hatte schon vor Tagen den genauen Verlauf der Parade ausgekundschaftet. „Wir sollten zusehen, dass wir irgendwie hinauf zur Tribüne kommen. Dort, vor dem Tempel von Castor und Pollux, werden die Ritter und ihre Staatspferde nämlich von den Zensoren begutachtet. Dort müssen wir hin, wenn wir hautnah dabei sein wollen."

Einfach war das allerdings nicht. Lukas und Aurelia hatten sehr bald aufgegeben. „Wir sehen uns die Parade lieber von hier aus an", hatte Aurelia gesagt. „Uns ist das Gedränge zu groß." Lukas hatte den Kindern noch ein paar Sesterzen mitgegeben und ihnen viel Spaß gewünscht.

Dicht hintereinander quetschten sich die Kinder

nun durch die Menschenmasse. „Das ist vielleicht ein Gedränge“, stöhnte Alex. „Man könnte meinen, hier gibt’s was umsonst.“ Endlich, nach einer halben Ewigkeit, hatte es die kleine Gruppe dann geschafft. Sie war gegenüber der Tribüne angekommen. Neben einer der Säulen hatte Quintus noch ein wenig Platz entdeckt. Es war mittlerweile fast Mittag und die Sonne brannte unbarmherzig vom Himmel.

„Wie bei einem Rockkonzert“, dachte Andrea. „Dort herrscht auch so ein Gedränge.“

Menschen wurden ohnmächtig, Bauchladenverkäufer drängten sich durch die Massen und boten lautstark gebratene Hähnchenkeulen und verdünnten Wein an. Es war ein typisch römisches Fest. Und dann ging ein Ruf durch die Reihen. „Sie kommen.“ Gespannte Ruhe trat ein.

Als die Parade sich dann der Tribüne vor dem Tempel näherte, wurden die Hälse länger und länger. Quintus hatte ihnen schon vor Stunden erklärt, worum es bei dieser Parade ging. Andrea, Cornelia, Tanja und Alex wussten nun, dass es eine besondere Ehre war, ein Staatspferd zu besitzen. Nur den obersten eintausendachthundert Männern Roms wurde diese Ehre zuteil.

„Das ist, als würde man in der heutigen Zeit eine Auto-Parade veranstalten“, hatte Tanja Alex grinsend zugeflüstert. Die Pferde wurden im alten Rom ihren

Besitzern geschenkt. Es war also eine große Ehre, ein solches Pferd zu besitzen. Und diese eintausendachthundert stolzen Ritter zogen nun in einer Parade durch die Stadt und ließen sich dann von den so genannten Zensoren unter die Lupe nehmen. Wenn diese feststellten, dass die Ritter würdig genug waren, durften sie ihr Pferd behalten.

Als Cornelia die Rösser sah, glaubte sie ihren Augen nicht zu trauen. Das waren mit Abstand die schönsten Pferde, die das Mädchen je gesehen hatte. Gestriegelt, mit bunt verzierten Decken und gefärbtem Zaumzeug geschmückt, tänzelten sie in Viererreihen durch die Stadt. Ihre Besitzer hatten sie mit Medaillons und anderem Schmuck behängt. So manchem Tier hatte man Gold- und Silberfäden in die Mähne geflochten. Sie sahen einfach fantastisch aus. Auch ihre Besitzer hatten sich für diesen Anlass herausgeputzt. All diese Ritter trugen ihre besten Rüstungen. Jeweils hundert dieser Ritter bildeten eine Zenturie und jede Zenturie trug ihr Banner stolz vor sich her. Wölfe, Löwen und Bären und vieles mehr waren darauf zu sehen. Vor den Zensoren stiegen die Ritter einzeln ab und ließen die Inspektion über sich ergehen. Dabei musste jeder Ritter den Zensoren einige Fragen beantworten. Wenn sie mit ihm zufrieden waren, durfte er weiterziehen. Dann erschien der Konsul Pompeius Magnus. Die Parade war seine

Idee gewesen und deshalb war es auch nicht verwunderlich, dass er der Star der Aufführung war. Er stieg von seinem Schimmel und seine goldene Rüstung blendete die Zuschauer. Um die Schultern hatte er einen purpurroten Umhang geschlungen und den Helm, den er in der Hand hielt, zierte ein scharlachroter Federbusch. Auf dem Platz war es plötzlich ganz still geworden. Als der Zensor den Konsul feierlich nach seinem Namen fragte, antwortete Gnaeus Pompeius Magnus mit weithin schallender Stimme.

Dann wollte der Zensor noch den Namen von Pompeius' Vater und seine Abstammung wissen. Pompeius gab gewissenhaft Auskunft. Zum Schluss fragte ihn der Zensor noch, ob er in mindestens sechs Feldzügen mitgekämpft hatte.

„Ja", erwiderte Pompeius und zählte sie alle auf. Wobei er immer hinzufügte, wie tapfer er gekämpft hatte. Donnernder Applaus brandete auf. Pompeius der Große sonnte sich in der Begeisterung der Menschen. Zufrieden stolzierte er davon. Er hatte mit dieser Parade erreicht, was er wollte. Die Menschen liebten und bewunderten ihn. Und wie würden sie ihn erst nach den Spielen lieben? Er konnte mit sich zufrieden sein. Das musste ihm sein Rivale, Marcus Crassus, erst einmal nachmachen.

Marcus Crassus hatte sich das Spektakel gemeinsam mit seinem Freund Julius Cäsar vom Balkon seines Hauses, der einen hervorragenden Blick auf das Forum bot, angesehen. Er fand dieses Theater einfach lächerlich. „Hast du für unsere Überraschung alles vorbereitet?“, fragte er Cäsar, der sich köstlich amüsierte.

„Natürlich. Es wird alles so laufen, wie geplant“, sagte Cäsar und warf einen Blick auf die Tasche zu seinen Füßen. „Alle Unterlagen sind da drinnen. Unser Freund Pompeius wird Augen machen.“

Nachdem er sich von Marcus Crassus verabschiedet hatte, warf sich Cäsar ins Getümmel. Er hatte genug gesehen und wollte nun nach Hause zu seiner Frau und seiner Tochter Julia. Doch zuvor musste er noch diese lästige Tasche loswerden. Er arbeitete nicht gerne zu Hause. Eben quetschte er sich zwischen einer Kinderschar und einem Pferdegespann hindurch, als ihm Quintus, Alex und die Mädchen über den Weg liefen. „Fortuna muss mir diese Kinder geschickt haben", dachte Cäsar. „Das ist aber ein Zufall. Wie hat euch die Parade gefallen?", fragte er.

„Das waren die schönsten Pferde, die ich je gesehen habe", strahlte Cornelia. „So eines möchte ich auch haben, wenn ich groß bin."

„Ja, und einen Hund und einen Delfin noch dazu", neckte Andrea ihre Schwester.

„Warum nicht?", sagte Cäsar vergnügt. Dann wandte er sich an die beiden Jungen. „Darf ich euch um etwas bitten?"

„Natürlich." Was für eine Frage?

„Würdet ihr diese Tasche für mich mitnehmen? Ich werde sie dann spätestens morgen Früh bei euch abholen. Das würde mir einen Weg ersparen. Dann könnte ich gleich heimgehen." Er reichte Alex die Tasche, ohne eine Antwort abzuwarten. „Aber nehmt euch vor Dieben in Acht. Die laufen heute in Massen durch die

Stadt." Cäsar winkte und schon war er in der Menge verschwunden.

Alex stand da und drückte die Tasche ganz fest an sich. Cäsar hatte ihm seine Akten oder was immer da drinnen war, anvertraut. Was für eine Ehre. Wenn es nötig sein sollte, würde er diese Tasche mit seinem Leben verteidigen.

„Könnte in der Tasche das drinnen sein, wonach der Mann in Cäsars Wohnung gesucht hat?", fragte Tanja neugierig, als sie in ihrer Wohnung angelangt waren.

„Schon möglich."

„Welcher Mann?", wollte Quintus wissen, der auf einer Liege saß und Cäsars Tasche betrachtete, die Alex neben die von Lukas gelegt hatte.

„… und dann hab ich den Mann noch einmal im Circus Maximus gesehen", beendete Andrea ihren Bericht, denn Quintus hatte mit seinen Fragen nicht lockergelassen, bis sie ihn eingeweiht hatten.

„Weißt du noch, Quintus, ich dachte, es wäre Cäsar. Doch du hast gesagt, dass der Glatzkopf, mit dem er sich unterhalten hat, nicht gerade sein Freund sei."

„Ja, ich erinnere mich."

„Wer ist dieser Glatzkopf überhaupt?"

„Das ist Hortensius. Habt ihr noch nie von ihm gehört?"

„Nein.“

„Woher kommt ihr bloß?“, wunderte sich Quintus. „Hortensius ist der berühmteste Anwalt in Rom. Wenn du was richtig Schlimmes ausgefressen hast, nimmst du dir Hortensius. Der haut dich bestimmt raus. Zur Zeit verteidigt er einen gewissen Gaius Verres. Das ist vielleicht ein übler Bursche. Hat sich so ziemlich jedes Verbrechen geleistet, als er in Sizilien Provinzverwalter war. Kunstdiebstahl und Erpressung sind noch die geringsten Verbrechen, die er begangen haben soll.“

„Hört sich echt übel an“, musste Alex zugeben. „Aber was hat das mit Cäsar zu tun?“

„Na ja, Cäsar mag ihn nicht. Die beiden hatten mal Streit.“

Gut und schön, aber das brachte sie keinen Schritt weiter. Außerdem kamen soeben Lukas und Quintus’ Mutter zur Tür herein.

„Das mit dem Einbrecher bleibt unter uns“, flüsterte Alex in Quintus’ Richtung.

Der Rotschopf nickte verschwörerisch. „Klar, ist doch Ehrensache.“

Ein Unglück kommt selten allein

Nach einem herzhaften Mahl verabschiedeten sich Quintus und seine Mutter. Alex hielt es für sinnlos, noch eine Nacht Wache zu schieben. „Der Unbekannte ist gestern Nacht nicht gekommen“, sagte er. „Ich kann mir nicht vorstellen, dass er heute Nacht auftaucht.“

Die Mädchen waren darüber nicht böse, gingen zu Bett und schliefen bald tief und fest. Alex dagegen wälzte sich lange in seinem Bett umher, bis er endlich in einen unruhigen Schlaf fiel. Er träumte von Männern, die ihre Köpfe zusammensteckten und tuschelten. Dann war er plötzlich mit einem hageren Mann alleine. Jemand drückte ihm eine kostbare Vase in die Hand. Dann war da das Gesicht eines Mannes. Schütteres blondes Haar, eine hohe Stirn, ein böses Grinsen. Alex drehte sich um und rannte. Rannte um sein Leben. Dann ein Knall. Die Vase fiel zu Boden und löste sich in tausend Scherben auf. Mit einem Ruck saß Alex kerzengerade im Bett. Sein Herz raste, der Schweiß stand ihm auf der Stirn. „Gott sei Dank. Nur ein Alptraum“, murmelte er. Der Traum war vorbei, doch die Angst blieb und das Gefühl, beobachtet zu werden. Angespannt lauschte er

in die Nacht. Nichts. Absolute Stille. Nur der Vorhang bewegte sich leicht. Alex stand auf und ging auf den Balkon hinaus. Die Straße unter ihm war menschenleer. Er spähte in die Nacht … Halt! War da nicht ein Schatten an der Hausecke? Nein, das war lächerlich. Er schüttelte sich, um die Erinnerung an diesen Alptraum endgültig loszuwerden und ging dann wieder hinein ins Zimmer. Als er an einer der Liegen vorbeiging, fiel sein Blick auf Cäsars Tasche. Sie war hinuntergefallen. „Aha, das war also der Knall, der mich geweckt hat“, dachte er beruhigt und legte die Tasche wieder zurück auf die Liege. Er legte sich wieder ins Bett, ohne weiter darüber nachzudenken.

Am nächsten Morgen war Alex der Letzte, der aufstand. Die Mädchen hatten ausgezeichnet geschlafen, waren guter Dinge und saßen bereits beim Frühstück, als Alex zu ihnen stieß. Der Junge schlang sein Frühstück hinunter, als wäre es seine letzte Mahlzeit. „Jetzt geht's mir besser", sagte er zufrieden und rieb sich den Bauch. „Ihr könnt euch nicht vorstellen, wie schlecht ich geschlafen habe." Dann erzählte er Andrea, Cornelia und Tanja von seinem Alptraum. Er wollte gerade seinen Verfolger in all seiner Schauerlichkeit schildern, als Lukas mit einem äußerst besorgten Gesicht im Zimmer auftauchte. „Weiß jemand von euch, wo meine Tasche ist? Ich kann sie nicht finden."

„Die liegt doch dort drüben, neben Cäsars Tasche", sagte Alex.

Doch der Platz neben der Tasche war leer. Alex stand auf und sah sich im Zimmer um. Lukas' Tasche war nirgends zu sehen. Er nahm Cäsars Tasche und legte sie sich auf die Knie. „Ich weiß ganz genau, dass deine Tasche gestern noch neben der von Cäsar lag. Ich hätte mich fast draufgesetzt und …" Er setzte sich genau auf dieselbe Stelle wie tags zuvor. „Das ist merkwürdig."

„Was?", drängte Cornelia.

„Cäsars Tasche … sie lag gestern hier auf dieser Liege“, sagte er.

„Ja, und?“

„Als ich sie in der Nacht aufgehoben habe, lag sie dort auf dem Boden“, erwiderte Alex und deutete auf eine Stelle am Fußende der Liege.

„Das ist allerdings merkwürdig“, meinte Lukas. „Ist dir sonst noch was aufgefallen?“

„Nein, eigentlich nicht. Außer vielleicht …“ Alex stutzte. War es doch keine Einbildung gewesen? War der Schatten tatsächlich da gewesen? „Na ja, als ich auf dem Balkon stand, habe ich mir eingebildet, einen Schatten an der nächsten Hausecke zu sehen.“

„Du meinst, jemand war gestern Nacht hier drinnen?“, fragte Andrea entsetzt.

„Das könnte sein.“

„Aber warum?“, wollte Tanja wissen.

„Darum“, sagte Alex und zeigte auf Cäsars Tasche. „Und ich wette, es war derselbe Kerl, der vor zwei Tagen in Cäsars Wohnung herumgeschnüffelt hat. Verdammt, warum hab ich nicht darauf bestanden, eine Nacht länger Wache zu stehen? Dann wäre das alles nicht passiert.“

Tanja verpasste ihrem Bruder sofort einen Tritt. „Pass auf, was du sagst!“, hätte das heißen sollen. Doch es war zu spät. Lukas hatte alles mitbekommen.

„Was war in Cäsars Wohnung? Und was heißt hier Wache schieben“, wollte er nun wissen.

Nachdem die Kinder ihm alles gebeichtet hatten, sagte Lukas mit ernstem Blick: „Das hättet ihr mir gleich erzählen müssen. Dann säßen wir jetzt vielleicht nicht so in der Patsche.“

„In der Patsche? Wieso?“, fragte Cornelia. „Der Tasche ist doch nichts passiert. Wir können sie Cäsar unbeschadet zurückgeben.“

„Cäsars Tasche ist noch da. Aber meine nicht!“, entgegnete Lukas. „Das alleine wäre noch nicht schlimm, aber in der Tasche war der Zeithopper. Und das bedeutet: Wir sitzen hier fest.“

„Sitzen hier fest?“, wiederholte Andrea, ohne die Worte richtig zu begreifen.

„Aber … was machen wir denn jetzt?“, rief Tanja. „Wir können doch nicht ewig hierbleiben?“

„Wenn wir den Zeithopper nicht rechtzeitig finden, wird genau das geschehen. Ihr wisst doch genau, dass wir nur eine Chance haben, in unsere Zeit zurückzukommen, und das ist morgen Nachmittag“, sagte Lukas.

Die Gefühle der Kinder überschlugen sich. Verzweiflung … Wie konnte das bloß passieren? Zorn … Wehe, wenn sie diesen Dieb in die Finger bekämen! Doch am Ende siegte die Zuversicht. Sie mussten den Zeithopper eben rechtzeitig finden. Es blieben noch knapp dreißig Stunden. Sie mussten die Sache nur logisch angehen. Dann würden sie es schaffen. Also überlegten sie …

Cäsars Tasche hatte damit zu tun. Darüber waren sich alle einig. Doch warum war nur Lukas' Tasche gestohlen worden? Womöglich hatte der Dieb den wertvollen Inhalt noch gar nicht entdeckt. Zumindest, so hoffte Lukas, würden er nichts damit anzufangen wissen.

„Wir sollten einen Blick in die Tasche werfen. Vielleicht finden wir einen Hinweis", schlug Alex vor.

„Aber das ist Julius Cäsars Tasche", sagte Andrea empört. „Das können wir doch nicht machen."

„Normalerweise würde ich dir Recht geben", sagte Lukas, „doch in diesem Fall steht sehr viel auf dem Spiel. Nicht nur unsere Zukunft. Auch die von Julius Cäsar."

„Na, wenn das so ist." Andrea gab ihren Widerstand auf. Wenn es für Lukas okay war, dann sollte es das auch für sie sein.

So wurde Cäsars Tasche geöffnet. Die Papierrollen, die kurze Zeit später auf dem kleinen Tisch verteilt lagen, sagten den Kindern gar nichts. Lukas allerdings schien zu verstehen, worum es sich handelte. „Gerichtsakten", bemerkte er mit Kennerblick und schob eine Papyrusrolle auf die Seite der durchgesehenen Papiere. Die nächste

Rolle enthielt einen persönlichen Brief. „Privat“, sagte Lukas schnell und rollte ihn wieder zusammen. Auch diese Rolle wanderte zu den durchgesehenen Papieren. Nun waren nur noch zwei Rollen übrig. „Aha, dabei geht es wohl um die bevorstehende Überraschung von Marcus Crassus“, meinte Lukas.

Die vier blickten ihn gespannt an.

„Sag schon, worum geht es“, platzte Cornelia heraus.

„B-i-i-i-t-t-t-e“, rief Tanja und setzte ihren „Ich-sterbe-vor-Neugier-Blick“ auf.

Lukas lachte. „Na gut, aber ihr werdet enttäuscht sein. Also, Marcus Crassus wird in den nächsten drei Monaten jedem römischen Bürger fünf Scheffel Getreide schenken. Beginnen will er damit am Tag nach dem Fest des Herkules Invictus, an dem er die Römer an zehntausend Tischen bewirten wird.“

Vier lange Gesichter sahen ihn an. „Das ist alles?“, fragtc Alex enttäuscht. „Ich hab mit etwas Spektakulärem wie zum Beispiel Gladiatoren- oder Tierkämpfen gerechnet, aber fünf Scheffel Getreide für jeden, das ist doch sehr schwach.“

„Oh, da irrst du dich aber gewaltig“, klärte ihn Lukas auf. „Die Bewohner Roms werden begeistert sein. Fünf Scheffel Getreide bedeuten neunzig Tage lang zwei große Laibe Brot für jeden. Pompeius Magnus unterhält die Menschen mit Spielen. Das ist toll. Aber Marcus Crassus füllt ihre leeren Bäuche. Ich würde sagen, diese Runde gewinnt Marcus Crassus. Denn Crassus wird Pompeius damit die Show stehlen."

„Und was hat Cäsar damit zu tun?", fragte Tanja.

„Ich glaube, es war Cäsars Idee. Und aus diesen Unterlagen geht hervor, dass Cäsar sich um den geheimen Getreideeinkauf kümmert."

„Also war der Dieb hinter dieser Schriftrolle her", sagte Andrea. „Warum hat er sie dann dagelassen?"

Die Antwort kam postwendend in Form der letzten Schriftrolle. Lukas hatte sie ganz beiläufig geöffnet. Er hatte nichts Wichtiges mehr erwartet, doch was er las, verschlug ihm den Atem. Entsetzt starrte er auf den Inhalt. „Darum ging es also", sagte er. „Das erklärt allerdings einiges."

„Wieso? Was steht da drinnen?", wollte Alex wissen.

„Der Dieb hatte nicht vor, aus Cäsars Tasche etwas herauszunehmen, er hat etwas hineingelegt."

Vier Augenpaare sahen Lukas fragend an.

„Was ist denn das für ein Dieb?", rief Tanja.

„Diese Schriftrolle würde beweisen, dass Cäsar die Verbrechen begangen hat, deretwegen Gaius Verres angeklagt wurde. Er soll Kunstwerke verkauft und dann Gaius Verres die Schuld in die Schuhe geschoben haben. Wenn das bei Cäsar gefunden wird, ist er erledigt. Aus.

Vorbei. Dann wird er bestenfalls aus Rom verbannt, wenn ihm nicht Schlimmeres droht."

„Hat er das wirklich getan?", fragte Tanja entsetzt.

„Natürlich nicht", zischte Alex seine Schwester empört an. Wie konnte sie nur so etwas von Cäsar denken.

„Nein, das hat er bestimmt nicht getan", bestätigte Lukas. „Cäsar hat in seinem Leben einiges Unfeines getan, aber so ein Verbrechen passt nicht zu ihm, dafür achtete er meiner Meinung nach das römische Gesetz viel zu sehr. Das hier ist eine ganz hinterhältige Verschwörung. Irgendjemand will ihm das in die Schuhe schieben."

„Aber warum?"

Darauf wusste Lukas keine Antwort.

Marcus Antonius muss helfen

Zwei Dinge standen für Lukas und die Kinder fest. Sie mussten den Zeithopper finden, und das bald. Und sie mussten verhindern, dass Cäsar in eine Falle lief. Julius Cäsar musste den Platz einnehmen, den ihm die Geschichte zugedacht hatte. Er musste der große Feldherr werden, der Gallien erobern sollte, und er musste den Rubikon überschreiten. Er musste der Julius Cäsar werden, der Kleopatra treffen sollte. Der Julius Cäsar, nach dem der Julianische Kalender und der Monat Juli benannt werden sollten. All das musste so geschehen und durfte sich nicht verändern. Ohne Cäsar würde die Geschichte nicht mehr dieselbe sein. Das durfte nicht passieren. Kurz gesagt, sie mussten sich einmischen, um den Verlauf der Geschichte zu retten.

Zuerst entfernten sie die belastende Schriftrolle aus Cäsars Tasche. Die restlichen Schriftrollen wurden wieder fein säuberlich verstaut. Doch Lukas war sich sicher, dass die Verschwörer auch in Cäsars Wohnung ähnliche Beweise hinterlegt hatten. Diese zu beseitigen, würde weitaus schwieriger werden. Aber Lukas hatte eine glänzende Idee. Also warteten sie auf Cäsar.

„Ich muss etwas Wichtiges mit dir besprechen“, sagte Lukas zu Cäsar, als dieser seine Tasche kurze Zeit später abholen kam.

„Gerne, worum geht es?“, erkundigte sich Cäsar.

„Nicht vor den Kindern“, sagte Lukas und tat besorgt.

Cäsar nickte verständnisvoll und nahm Lukas mit in seine Wohnung.

„Das wäre geschafft“, sagte Alex zufrieden, als er die Tür hinter Lukas und Cäsar schloss. „Lukas kümmert sich um Cäsar und wir sehen zu, dass wir etwas über den Dieb in Erfahrung bringen.“

„Hast du einen Plan?“, fragte Cornelia.

„Einen Dieb fängt man am besten mit einem anderen Dieb“, erwiderte Alex vergnügt. Er witterte schon ein gewaltiges Abenteuer und er hatte einen Plan. In diesem Moment erschien Quintus.

„Genau der Held, den wir jetzt brauchen“, begrüßte ihn Alex. „Du musst uns zu Marcus Antonius führen.“

„Was muss ich!?“, rief Quintus entsetzt. „Ich bin froh, wenn ich diesem Widerling nicht begegne, da lauf ich ihm doch nicht freiwillig in die Arme.“

„Du musst uns nur zeigen, wo wir ihn finden. Den Rest erledigen wir.“

„Was wollt ihr überhaupt von ihm?“

„Es geht um den Mann in Cäsars Wohnung“, deutete Andrea vielsagend an.

Damit hatten sie Quintus am Haken.

„Ja, wenn das so ist“, sagte er und lief zur Tür. „Hab schon lange keine mehr aufs Aug bekommen.“

Kampflustig zogen sie los, um Marcus Antonius zu suchen. Den Jungen und seine Bande in der Subura zu finden, war keine große Schwierigkeit. Man musste nur dem Ärger folgen. Die Jungen versuchten soeben, einem Römer den Geldbeutel zu entwenden. Doch als Marcus Antonius die fünf auf sich zukommen sah, wurde der Geldbeutel für ihn unwichtig. „Aha. Der Feuerschlumpf und sein Gefolge trauen sich wieder auf die Straße“, sagte er hämisch. „Habt ihr das letzte Mal nicht genug abbekommen?“

„Das ist doch die Höhe“, dachte Cornelia. „Er ist davongerannt und jetzt tut er so, als wäre er der Sieger gewesen.“

„Der kann was erleben …“, zischte Tanja.

„Lass das. Wir brauchen ihn“, sagte Alex so leise wie möglich. Marcus Antonius durfte auf keinen Fall das Gefühl haben, dass sie auf ihn angewiesen waren. Sie mussten ihn geschickt um den Finger wickeln. Nur so konnten sie den jungen Raufbold auf ihre Seite ziehen. Tanja beruhigte sich und überließ ihrem Bruder das Feld. Alex konnte Marcus Antonius wenigstens in die Augen schauen, ohne sich dabei auf die Zehenspitzen stellen zu müssen.

„Quintus Rufus hat mir erzählt, dass du über alles, was hier in der Subura vorgeht, Bescheid weißt. Stimmt das?“, begann Alex.

„Stimmt. Mir entgeht nichts.“

„Gut, dann weißt du doch bestimmt auch, dass gestern jemand bei uns eingestiegen ist und unsere Tasche geklaut hat.“

Überraschung spiegelte sich im Gesicht des Jungen wieder. „Tja, das ist Pech, aber was hab ich damit zu tun?“, fragte er ausweichend.

„Er weiß also etwas“, dachte Alex.

„Weißt du, die Sache ist die“, mischte sich nun Andrea ein. „In der Tasche war ein Amulett, das uns sehr wichtig ist. Mein Onkel würde eine ordentliche Belohnung springen lassen, wenn es wieder unbeschadet auftaucht.“

„Belohnung“ war das Zauberwort, das Marcus Antonius die Zunge löste. „Wie hoch wäre denn die Belohnung?“, fragte er vorsichtig.

„Kommt ganz drauf an, was du weißt“, sagte Alex herausfordernd.

„Hab von einem ehemaligen Gladiator gehört, der hier herumschleichen soll. Angeblich im Auftrag von irgendeinem hohen Tier“, rückte Marcus Antonius heraus.

„Wer ist das hohe Tier und wo können wir den Gladiator finden?“, fragte Cornelia, die sich bis jetzt im Hintergrund gehalten hatte.

„Weiß nicht“, sagte Marcus Antonius schulterzuckend. „Was ist jetzt mit meiner Belohnung?“

„Erst wenn du uns mehr über den Gladiator sagen kannst. Du weißt ja, wo wir zu finden sind“, entgegnete Alex und schob die anderen entschlossen vor sich her.

„Aber wie soll ich denn das machen?“, rief ihnen Marcus Antonius nach.

„Du bist doch der berüchtigte Marcus Antonius. Du wirst das schon machen“, erwiderte Quintus vergnügt.

Marcus Antonius ratlos stehen zu lassen, machte ihm großen Spaß.

Während die Kinder mit Marcus Antonius sprachen, hatten Cäsars Gegner beschlossen, die Falle zuschnappen zu lassen. Vier Römer marschierten bei Cäsar auf. Hortensius, der berühmte Anwalt, der Redner und Anwalt Marcus Tullius Cicero, dann ein Gladiator von zweifelhaftem Ruf und noch ein Mann, den Cäsar noch nie gesehen hatte. Julius Cäsar lud die Männer in seine Wohnung ein, bat sie, sich zu setzen und ihr Anliegen vorzutragen. „Es muss wichtig sein, wenn zwei so berühmte Anwälte wie Hortensius und Cicero gemeinsam hier auftauchen", dachte Cäsar, als er ihnen mit Wasser verdünnten Wein einschenkte. Auch Lukas, sein Gast von nebenan, war noch da. Er hatte sich eben noch angeregt mit ihm unterhalten, als diese Männer vor seiner Tür auftauchten.

Nach einem großen Schluck Wein und nachdem er sich kurz geräuspert hatte, sagte Marcus Tullius Cicero mit leichtem Zittern in der Stimme: „Nun, Cäsar, es ist mir sehr unangenehm, aber mir wurde gesagt, dass ich Gaius Verres zu Unrecht angeklagt hätte. Mir wurde zugetragen, dass in Wahrheit du all diese Dinge getan hast."

„Wie bitte. Ich hör wohl nicht richtig?!", rief Cäsar entrüstet.

„Ich wurde darüber informiert, dass ich die Beweise dafür hier in deiner Wohnung finden würde“, erwiderte Cicero und rutschte nervös auf seinem Platz hin und her. „Ich bin sicher, dass alles ein großes Missverständnis ist, aber ich muss dich trotzdem bitten, uns deine Wohnung durchsuchen zu lassen.“

Cäsar schien ihn mit seinen grauen Augen regelrecht zu durchbohren. „Wenn du das für notwendig hältst, Cicero … Ich habe nichts zu verbergen“, sagte er schneidend.

Hortensius, der Gaius Verres verteidigte, machte sich schnell ans Werk. Er stürmte zielsicher auf Cäsars Schreibpult zu und begann, die Schriftrollen zu durchstöbern. Als er alles durchgesehen hatte, sagte er verdutzt: „Nichts zu finden. Er muss es woanders versteckt haben." Der Anwalt sah sich kurz um. Dann steuerte er auf Cäsars Tasche zu. Doch als er hineingreifen wollte, sprang Cäsar auf. „Das geht zu weit", herrschte er Hortensius an. „Wenn schon jemand in diese Tasche sehen muss, dann soll es Marcus Tullius Cicero selbst tun."

Cicero fühlte sich in seiner Haut sichtlich unwohl, aber er hatte die Pflicht, diesen Fall aufzuklären. Er war der Ankläger gegen Verres. Unsicher öffnete er die Tasche und sah sich die Papiere genau durch. „Nichts zu finden", sagte er erleichtert, als er sich alles genau angesehen hatte. Hortensius war sprachlos. „Ja, aber …", stotterte er. „Mir wurde versichert, dass …" Er verstummte ratlos. Was war schiefgegangen?

Cicero bedankte sich bei Cäsar für sein Entgegenkommen und entschuldigte sich nochmals für die Störung. „Ich hoffe, du bist mir deshalb nicht böse, ich hab nur meine Pflicht getan."

„Du hast nur deine Pflicht getan", sagte Cäsar kalt. „Aber das nächste Mal solltest du deine Quellen überprüfen, bevor du mit so einem Unsinn zu mir kommst."

Er stand auf und begleitete seine unangenehmen Besucher zur Tür.

Alex, Tanja, Andrea und Cornelia hatten sich eben von Quintus verabschiedet. Hintereinander stiegen sie die Steintreppen hinauf, als die Tür zu Cäsars Wohnung laut knallend ins Schloss fiel. „Da herrscht wohl dicke Luft“, flüsterte Andrea. Vier Männer kamen ihnen entgegen. Zuerst schob sich ein völlig verstörter Cicero an ihnen vorbei. Wie um alles in der Welt hatte er sich nur so blamieren können? Hinter ihm marschierte ein sichtlich wütender Hortensius. Was war bloß schiefgegangen? Und schlussendlich folgten noch zwei Männer. Der eine war ein großer, muskulöser Mann, ein Kämpfer. Narben zierten sein Gesicht und seine Hände. Der andere war von hagerer Gestalt mit schütterem Haar. Beide nahmen auf die Kinder keine Rücksicht. Nebeneinander gehend, drängten sie diese zur Seite.

„Solche Rüpel!“, schimpfte Tanja.

„Hast du gesehen, das war der Typ, den wir in der Nacht in Cäsars Wohnung gesehen haben“, sagte Andrea, als die Männer außer Hörweite waren. „Alex, ich rede mit dir“, sagte sie ärgerlich, als von hinten keine Antwort kam.

Der Junge stand da, kreidebleich, und starrte den beiden Männern nach.

„Was ist mit dir?", fragte Tanja besorgt. „Du siehst aus, als hättest du ein Gespenst gesehen."

So hatte sie ihren Bruder noch nie erlebt.

„D… das hab ich auch", stotterte Alex. „Der eine Kerl eben, d… das war der Mann aus meincm Traum." Die Mädchen sahen ihn verwundert an.

„Erinnert ihr euch. Ich hab euch doch von dem Mann erzählt, der mich in meinem Traum gejagt hat. In der Nacht, als Lukas' Tasche gestohlen wurde. Der da eben hat genauso ausgesehen." Ein eiskalter Schauer lief ihm über den Rücken. „Der Einbrecher!"

„Welcher, der große Hässliche?", fragte Tanja.

„Nein, der kleine Hässliche", antwortete Alex.

„Aber der Mann in Cäsars Wohnung war der andere", sagte Andrea.

„Dann waren es also zwei verschiedene!", stellte Tanja verblüfft fest.

„Ja. Wir müssen ihnen folgen", platzte Alex heraus. Er hatte sich von seinem Schock erholt und blitzschnell kombiniert. „Dort, wo die beiden hingehen, ist bestimmt unser Zeithopper."

„Sollten wir nicht lieber Lukas Bescheid geben?", fragte Andrea. „Diese Kerle sind bestimmt gefährlich."

„Dann ist es vielleicht zu spät. Wir müssen jetzt hinterher", drängte Alex.

Andrea überlegte kurz. „Gut, dann folge du ihnen,

aber vorsichtig, und wir geben in der Zwischenzeit Lukas Bescheid."

„Ich geh mit ihm", rief Cornelia schnell. Eine Verfolgung. Dieses Abenteuer wollte sie sich auf keinen Fall entgehen lassen. Noch bevor Andrea etwas erwidern konnte, sprang sie hinter Alex die Stufen hinunter.

Andrea und Tanja standen wenige Augenblicke später alleine vor Cäsars Tür und klopften. Ein immer noch wütender Cäsar ließ sie herein. Als er die beiden Mädchen sah, hellte sich sein Gesicht auf. „Ach, ihr seid es. Ihr sucht bestimmt euren Onkel. Kommt herein."

Die beiden Mädchen setzten sich zu Lukas und Cäsar begann wieder auf und ab zu gehen und sich über die Frechheit von Hortensius auszulassen. „Was haben die sich bloß dabei gedacht? Wissen sie denn nicht, mit wem sie es zu tun haben? Ich bin Gaius Julius Cäsar. Das können sie doch mit mir nicht machen."

Lukas lächelte milde und flüsterte den Mädchen zu. „So geht das jetzt schon seit die Herren Anwälte ihn verlassen haben."

„Du hattest also Recht, sie haben tatsächlich etwas hier versteckt?", flüsterte Andrea.

„Ja."

„Und! Haben sie es gefunden?"

„Nein."

„Aber … wo ist es dann?“

Lukas gluckste: „Ich sitze drauf.“ Er rückte ein Stück zur Seite und tatsächlich – ein Stück einer Schriftrolle ragte unter seiner Toga hervor. „Was meint ihr, wie mir zumute war, als diese Kerle die ganze Wohnung auf den Kopf gestellt haben? Sie haben überall nachgesehen, nur nicht unter meinem Hintern.“

Andrea und Tanja sahen einander an und begannen schallend zu lachen.

Verfolgung mit Folgen

Alex und Cornelia hatten große Mühe, den vier Männern zu folgen. Die beiden Anwälte Cicero und Hortensius liefen, als wäre der Teufel hinter ihnen her. Hinaus aus der Subura, vorbei an baufälligen Wohnhäusern und Bretterbuden. Bald hatten Alex und Cornelia die Orientierung verloren. „Wenn doch bloß Quintus hier wäre", keuchte Alex. „Er wüsste bestimmt, wo wir sind."

Auch Cornelia war schon völlig außer Atem.

Plötzlich blieben die Männer stehen. Cornelia und Alex bremsten sich in einiger Entfernung ein und beobachteten, was passierte.

Mit Zornesröte im Gesicht trennte sich Cicero von der Gruppe. Man hörte ihn noch schimpfen, als er schon auf der anderen Straßenseite war. Hortensius sprach eindringlich auf die beiden verbliebenen Männer ein. Dabei unterstützte er seine Worte mit seinem Zeigefinger, der unaufhörlich hin und her ging. „Nie und nimmer", sollte diese Geste wohl heißen. Seine beiden Zuhörer nickten nur stumm mit den Köpfen.

„So ein Mist", schimpfte Cornelia, „ich hätte zu gerne gewusst, was er ihnen sagt."

„So wie die beiden dreinschauen, sagt er ihnen vermutlich gerade, dass sie die größten Dummköpfe im Römischen Reich sind“, meinte Alex.

Dann plötzlich drehte sich Hortensius um und überließ die beiden Männer sich selbst.

„Los jetzt, hinterher!“, flüsterte Alex. „Wir dürfen sie nicht verlieren.“

Doch Halt! Die Männer steuerten direkt auf Alex und Cornelia zu. Die beiden Detektive konnten gerade noch rechtzeitig hinter einem Fuhrwerk in Deckung gehen.

„Ich verstehe das nicht, ich bin mir ganz sicher, dass ich diese verdammte Schriftrolle auf das Schreibpult gelegt habe. Sie muss dort sein. Hortensius hat bestimmt nicht genau nachgesehen“, beschwerte sich der Schwarzhaarige, den die Kinder für Cäsar gehalten hatten.

„Titus Lucius, mein Freund, ich sag dir, hier ist etwas faul“, entgegnete der Mann aus Alex’ Traum. „Du weißt genau, dass du die Schriftrolle auf Cäsars Pult gelegt hast, und ich habe genauso sicher die andere Rolle in seiner Tasche verstaut. Ob Cäsar etwas gemerkt hat?“

„Wenn er das hat, dann ist es ganz alleine deine Schuld, Marius“, sagte nun Titus Lucius, der Mann mit der hässlichen Narbe, ungehalten. „Musstest du unbedingt diese andere Tasche mitnehmen. Du hattest doch den ausdrücklichen Befehl, nichts anzurühren!“

„Was soll ich machen? Ich bin eben ein Dieb“, rechtfertigte sich Marius. „Einem Dieb kannst du nicht verbieten zu stehlen. Das wäre ja so, als ob du einem Gladiator sagtest, er darf nicht kämpfen. Das solltest du doch verstehen.“

„Verstehe schon.“ Titus Lucius nickte. „Aber ich weiß wenigstens, wann es sich auszahlt zu kämpfen. Du dagegen hast etwas völlig Wertloses gestohlen.“

„Das glaub ich nicht“, erwiderte Marius. „Ich erkenne ein wertvolles Stück, wenn ich es sehe. All diese Knöpfe und dann dieses edle Metall. So was hab ich noch nie gesehen. Diescs Ding ist wertvoll. Wirst schon sehen.“

„Was glaubst du, ist es?“

„Weiß nicht. Vielleicht kann man damit die Götter rufen? Es wird uns reich machen. Wenn wir rausgefunden haben, wie es funktioniert, wird Gaius Verres ein Vermögen dafür bezahlen.“

„Da bin ich aber gespannt“, meinte Titus Lucius ungläubig.

„Diese Kerle sprechen von unserem Zeithopper“, flüsterte Cornelia aufgeregt. „Marius weiß noch nicht, wie er funktioniert. Noch nicht!“

„Wir müssen ihnen folgen und ihnen den Zeithopper so schnell wie möglich wieder abnehmen“, sagte Alex.

Die beiden Halunken zu verfolgen war kein Problem,

aber wie zum Geier sollten sie ihnen den Zeithopper unbemerkt abnehmen? Das würde noch ein hartes Stück Arbeit werden.

Marius und Titus Lucius, der Dieb und der Gladiator, liefen noch eine Weile durch Rom, bis sie schließlich in einem Hauseingang verschwanden. Das Haus sah aus, als könnte es jeden Moment einstürzen.

„Und was jetzt?“, fragte Cornelia ratlos.

„Wir müssen da hinein, wenn wir herausfinden wollen, was die beiden vorhaben.“

„Ich weiß nicht, ich hab kein gutes Gefühl dabei“, warf die sonst so draufgängerische Cornelia ein. Doch sie wollte nicht als Feigling dastehen, also folgte sie Alex in das baufällige Gebäude.

Ein schwerer Fehler, wie sich herausstellte. Denn kaum hatten sie die Schwelle überschritten, griffen ein paar starke Hände nach ihnen und packten sie.

„Hilfe! Loslassen!“, kreischte Cornelia. Auch Alex wehrte sich mit Händen und Füßen, doch vergeblich. Die beiden Männer waren stärker. Titus Lucius hatte Alex die Arme auf den Rücken gedreht und schob ihn vor sich her. Marius, der Cornelia wie einen Mehlsack über seine Schulter geworfen hatte, folgte ihm. Sie schrie und trommelte mit beiden Händen auf seinen Rücken ein, aber Marius ließ das völlig kalt.

So landeten Alex und Cornelia im ersten Stock des

Hauses in einem riesigen Raum. Dieses Haus war kein gewöhnliches Haus, sondern eine Art Lagerhalle. Neben den Fenstern stapelten sich Leinensäcke. Dorthin schafften Marius und Titus Lucius ihre beiden Gefangenen. Unsanft wurde Cornelia auf den Säcken abgeladen. Schnell suchte sie bei Alex Schutz. Aber dem ging es nicht viel besser. Auch er hatte die Hosen gestrichen voll.

„Ich hab dir doch gesagt, dass wir verfolgt werden", sagte Titus Lucius selbstzufrieden.

„Was habt ihr hier zu suchen?", herrschte Marius die zwei vor Angst schlotternden Kinder an. Doch dann stutzte er. „Wartet mal, hab ich dich nicht schon einmal gesehen?", sagte Marius und blickte Alex genauer an.

„Ja, natürlich“, fiel es ihm dann ein. „In der Subura! Ich dachte, er schläft, doch dann saß er plötzlich aufrecht im Bett und starrte mich an. Hätte mich fast erwischt. Konnte mich gerade noch retten und dann rechtzeitig hinter dic nächste Hausecke flüchten.“

„Der Schatten in der Nacht“, schoss es Alex durch den Kopf. „Also war es doch keine Einbildung gewesen.“

„Los, raus mit der Sprache“, donnerte Titus Lucius mit drohender Stimme. „Was sucht ihr hier?“

„N… nichts“, stotterte Cornelia. Doch ihre tomatenrote Nasenspitze zeigte eindeutig, dass sie gelogen hatte.

Da griff Marius hinter ein paar Säcke. „Ich wette, sie suchen das hier?“, sagte er mit einem triumphierenden Grinsen. Er schwenkte einen metallenen Gegenstand vor Alex’ und Cornelias Nase.

Der Zeithopper! Er war zum Greifen nahe. Am liebsten hätte Alex sich das Ding geschnappt und wäre losgerannt. Doch wohin? Hinter ihm war die Wand und vor ihm standen diese beiden Gestalten. Selbst wenn er es geschafft hätte, den Ausgang zu erreichen, Cornelia hätte niemals so schnell reagieren können. Flucht war also ausgeschlossen. Er konnte sich nur dumm stellen.

„Was ist das?“, fragte er und versuchte eine überraschte Miene zu machen.

„Das sollst du mir sagen." Marius blickte ihn lauernd an.

„Ich hab so was noch nie gesehen", log Alex. „Ehrlich."

Doch Marius glaubte ihm nicht. Er hatte die Unsicherheit in Alex' Stimme sofort herausgehört. Dieser Junge da log, dass sich die Balken bogen. Der Bengel wusste genau, wozu dieses Ding gut war. Er steckte den Zeithopper ein. „Gut, wenn du es so willst", sagte der Mann und griff erneut hinter die Säcke. Diesmal zog er ein paar eiserne Hand- und Fußschellen hervor. Er legte Alex die Ketten an und ließ den Verschluss einrasten. „Eine Nacht hier drinnen wird euch schon zur Vernunft bringen. Ich bin sicher, morgen Früh werdet ihr mir sagen, was ich wissen will." Er gab Alex einen Stoß und der Junge kippte nach hinten auf die Säcke. Nun musste auch Cornelia diese Prozedur über sich ergehen lassen.

„Übrigens, nehmt euch vor den Ratten in Acht. Sie lieben frisches Kinderfleisch", sagte Marius, als er ging. Er hätte die beiden gerne noch ein bisschen mehr verschreckt, doch Titus Lucius drängte zum Gehen.

„Jetzt komm schon, du weißt doch, dass Gaius Verres nicht gerne wartet. Wir sind sowieso schon viel zu spät dran."

„Ja, ja, ich komm schon", sagte Marius und stapfte vergnügt davon. Er war mit sich sehr zufrieden. Morgen Früh würden die beiden Kinder weichgekocht sein. Dann würden sie ihm alles über den geheimnisvollen Gegenstand verraten. Die Tür fiel ins Schloss und wurde verriegelt. Zurück blieben zwei gefesselte Detektive.

Da saßen sie nun, die beiden, die ausgezogen waren, um ein Abenteuer zu erleben. So hatten sie sich das allerdings nicht vorgestellt. Ihr Plan war gewesen, den Zeithopper wieder zu besorgen und als strahlende Helden zu den anderen heimzukehren. Nicht, sich erwischen zu lassen und eingesperrt zu werden.

„Oh Mann, da hab ich uns aber schön was eingebrockt", stellte Alex seufzend fest.

„Ja, wir sitzen tief in der Patsche. Hätte ich mich bloß auf mein Gefühl verlassen", klagte Cornelia. „Auf die anderen dürfen wir nicht hoffen. Die haben nicht die geringste Ahnung, wo wir sind."

„Das wissen wir ja nicht einmal selbst", meinte Alex. „Hörst du das?", sagte er plötzlich.

Cornelia spitzte die Ohren. „Wasser, oder?"

Alex nickte, rappelte sich auf und hüpfte auf das Fenster zu. Ein Blick nach unten bestätigte seine Vermutung. Dieses Lagerhaus stand direkt neben einem Fluss. Das vorbeirauschende Wasser plätscherte an der Mauer entlang. „Das muss der Tiber sein", stellte Alex erleichtert fest.

Cornelia sah ihn fragend an.

„Jetzt wissen wir wenigstens, wie wir nach Hause kommen."

„Wissen wir?"

„Na klar wissen wir das. Pass auf, Cornelia. Wir folgen dem Tiber bis zur Stadtmauer, die gehen wir entlang. Irgendwann stoßen wir auf die Via Appia. Von dort sind wir in die Stadt gekommen. Die Via Appia führt uns direkt zum Circus Maximus. Und wenn wir einmal dort sind, finden wir den Weg nach Hause bestimmt. So einfach ist das."

„Genialer Plan", pflichtete Cornelia Alex bei. „Aber hast du da nicht eine Kleinigkeit vergessen?"

„Und die wäre?"

„Na ja, wir müssen erst mal hier rauskommen und diesen unbequemen Eisenschmuck loswerden", sagte sie und hielt ihre gefesselten Hände hoch.

Cornelia hatte Recht. Auf diese Kleinigkeit hatte Alex in seiner Euphorie ganz vergessen. Das war ein Problem. Selbst wenn sie die Fesseln loswerden könnten, die Tür war versperrt und für einen Sprung aus dem Fenster waren sie zu hoch oben.

„Na gut, zuerst die Fesseln", sagte Alex. „Hast du eine Idee, wie wir die Dinger loswerden?"

Cornelia sah sich um. Nichts als Säcke und Tonkrüge so weit das Auge reichte. „Mal sehen, was da drinnen ist“, meinte Cornelia, hüpfte zu den Gefäßen und hob einen Deckel hoch. Öl!

„Es ist Olivenöl“, rief sie Alex zu, der den anderen Teil des Raumes nach etwas Brauchbarem absuchte.

„Sehr schön“, erwiderte Alex und schenkte ihr weiter keine Beachtung. Wie könnte ihnen ein Krug Öl schon weiterhelfen?

Cornelia war da ganz anderer Meinung. Dieses Öl konnte ihre Rettung sein. Sie tauchte ihre Hände in den Tonkrug bis die Fesseln vollkommen mit Öl bedeckt waren und begann dann an den Eisenringen zu ziehen und zu zerren. Ihre Handgelenke schmerzten fürchterlich, doch es lohnte sich. Mit einem letzten Ruck flutschte ihre Hand aus dem Ring. Alex kam angehopst und tat es Cornelia gleich. Schon bald waren auch Alex’ Hände frei. Mit vereinten Kräften entledigten sie sich dann auch der Fußfesseln, die zu ihrem Glück für Erwachsene gedacht waren und nicht für Kinder.

„Ich rieche wie ein Salat“, stellte Cornelia lachend fest.

„Okay, du Salat, den ersten Teil hätten wir geschafft, aber wie kommen wir hier bloß raus?“, fragte Alex achselzuckend.

Die Tür war von außen fest verschlossen. Obwohl sie mit aller Gewalt daran rüttelten, bewegte sie sich keinen Millimeter. „Hat keinen Sinn, da kommen wir nicht raus“, sagte Cornelia und gab auf. Es blieb nur noch der Weg durchs Fenster. Ratlos starrten die beiden in die Tiefe. „Wir brauchten etwas, woran wir hinunterklettern können“, meinte Alex und sah sich um. „Vielleicht finden wir hier irgendwo ein Seil oder etwas Ähnliches.“

Eifrig machten sie sich auf die Suche. Sie mussten hier so schnell wie möglich rauskommen. Würden Marius und Titus Lucius jetzt zurückkommen, wäre alles umsonst gewesen.

„Schau dir das an!“, rief Alex plötzlich. Er war auf einen Stoß Säcke geklettert, genau dorthin, wo Marius den Zeithopper und die Ketten hervorgeholt hatte.

Sofort war auch Cornelia zur Stelle. „Das gibt's doch nicht“, sagte sie ungläubig. Hinter diesem Stapel Säcke lag ein kleines Vermögen. Haufenweise Säckchen mit Goldstücken und goldene Armreifen. Auch wertvolle silberne Trinkschalen waren darunter und vieles andere mehr. „Dieser Marius ist wirklich ein perfekter Dieb. Der muss ja halb Rom bestohlen haben“, vermutete sie.

„Ein perfeker Dieb vielleicht, aber sicher kein kluger“, sagte Alex grinsend. „Sonst hätte er uns nicht mit diesem Zeug in einem Raum allein gelassen.“ Der Junge kramte weiter und fand dabei einen mit Elfenbein verzierten Dolch. „Genau das Richtige.“ Er stach einen der Säcke auf und sah nach, was drinnen war. „Getreide, wie ich's mir gedacht hab." Er schnappte den Sack und schleifte ihn zum Fenster.

„Was wird das, wenn's fertig ist?", fragte Cornelia.

„Wirst du gleich sehen", keuchte Alex. „Komm, hilf mir mal. Wir kippen den Inhalt beim Fenster raus."

Cornelia hatte zwar keine Ahnung, was das bringen sollte, aber sie half mit. Als der Sack leer war, trennte der Junge die Naht auf – ein langer Leinenstreifen war das Ergebnis. Das Ganze wiederholte er auch mit dem nächsten Sack. Nun hatte er zwei Streifen, die er zusammenbinden konnte.

„Ah, ein Seil." Cornelia hatte verstanden. Sie half eifrig mit, einen Sack nach dem anderen aus dem Fenster zu leeren, aufzuschneiden und danach an den Leinensackstrick zu binden. Sie befestigten den Strick an einem Mauervorsprung und warfen ihn zum Fenster hinaus.

„Passt genau", stellte Cornelia fest.

„Hast du von einem Genie wie mir was anderes erwartet?", sagte Alex großspurig.

Cornelia konnte sich das Lachen nicht verkneifen. „Hoffentlich hält das Seil auch, du Genie."

„Wenn nicht, landen wir wenigstens nicht so hart", meinte er und deutete auf den Getreidehaufen, der sich unter dem Fenster auftürmte.

„Dann los", gab Cornelia den Startschuss.

Doch Alex hatte noch eine Kleinigkeit zu erledigen. Er stach noch zwei weitere Säcke auf. Den Inhalt leerten sie ebenfalls aus dem Fenster, doch diese Säcke wurden nicht aufgeschnitten. Stattdessen füllte Alex sie mit Diebesgut. Bis auf den letzten Kupfernickel räumte er das Versteck von Marius und Titus Lucius leer. „Rache muss sein", sagte Alex spöttisch und warf die Säcke mit Schwung aus dem Fenster. Dann begann er selbst den Abstieg über seine Eigenkonstruktion. Unten angekommen, rief er hinauf: „Alles klar, du bist dran."

Keine fünf Minuten später hatte jeder einen Sack Diebesgut geschultert und sie waren auf dem Weg nach Hause. Als sie in der ersten belebten Gasse ankamen, die bis zum Tiber führte, warfen die Kin-

der ihre Säcke mitten auf die Straße und Alex brüllte lauthals. „Schnell, kommt alle her, Leute. Seht, was wir gefunden haben.“ Alle Menschen, die in der Umgebung standen, kamen neugierig herbeigelaufen, um zu sehen, was da los war. Wie die Geier stürzten sich die Menschen auf den wertvollen Inhalt und Augenblicke später waren die Säcke leer. Die Menschenansammlung löste sich auf und jeder brachte seine unerwarteten Schätze in Sicherheit. Nur eine junge Frau mit ihren kleinen Kindern stand noch dort. Sie hatte in dem Gedränge nichts ergattern können. Enttäuscht drehte sie sich um. Da hob Cornelia den leeren Sack auf und drückte ihn der Frau in die Hand.

„Was soll ich damit?“, fragte diese verständnislos.

„Dort hinter diesem Gebäude liegt ein riesiger Haufen Getreide zur freien Entnahme. Es ist zwar kein Gold, aber es macht satt“, sagte Cornelia.

„Danke“, antwortete die junge Mutter und ging. Sie glaubte zwar nicht so recht an die Worte des Mädchens, aber es konnte nicht schaden, einmal nachzusehen.

Alex und Cornelia waren schon auf ihrem beschwerlichen Heimweg, als die Frau das Getreide fand.

Rettet den Zeithopper

„Wo habt ihr denn so lange gesteckt?", begrüßte Lukas die beiden aufgeregt. Was dann folgte, war eine typische „Ich-hab-mir-solche-Sorgen-gemacht-Rede", die damit endete, dass Alex und Cornelia in die Arme geschlossen wurden und Lukas versprechen mussten, ihn nie wieder so zu erschrecken.

Nachdem sich die Aufregung gelegt hatte und alle beim Abendessen saßen, hatte Lukas eine Ankündigung zu machen. „Stellt euch vor, Cäsar hat uns eingeladen, mit ihm die Eröffnung der Spiele im Circus Maximus gemeinsam anzusehen", erzählte Lukas. „Das ist doch ein toller Abschied, findet ihr nicht?"

„Spitze", riefen die vier wie aus einem Munde.

„Aber das Beste kommt erst noch", sagte Lukas mit vielsagender Miene. „Wir sitzen auf der Ehrentribüne. Dort, wo normalerweise nur Senatoren und Ritter sitzen."

Die Kinder waren begeistert. Genau das Richtige für den letzten Tag in Rom.

„Habt ihr etwas über den Zeithopper in Erfahrung gebracht?", fragte Lukas besorgt.

„Marcus Antonius ist an der Sache dran“, sagte Cornelia schnell.

„Also schön, was habt ihr wirklich rausgefunden?“, fragte Tanja wenig später, als sie im Schlafraum der Mädchen alleine waren, um Kriegsrat zu halten. „Wir wissen, wo der Zeithopper ist“, sagte Alex und fügte dann etwas leiser hinzu: „Zumindest wussten wir es.“

„Wieso wussten?“, fragte Andrea.

„Er war direkt vor unserer Nase. Blöderweise haben ihn die beiden Kerle dann mitgenommen“, erklärte Cornelia. „Aber wir wissen, wo sie ihn hinbringen wollen. Ins Haus von Gaius Verres nämlich.“

„Moment mal. Vor eurer Nase … mitgenommen?“, hakte Andrea nach. Sie kannte ihre Schwester. Wenn Cornelia so ein Gesicht machte wie eben, dann versuchte sie etwas zu verbergen. „Ich glaube, ihr habt uns noch was zu erzählen.“ Sie sah Alex und Cornelia scharf an.

„Also gut. Da war noch was“, gab Alex zu.

„Hab ich’s mir doch gedacht“, freute sich Andrea über ihren Spürsinn. „Ich höre.“

„Sie haben uns erwischt und …“ Alex erzählte den beiden Daheimgebliebenen alles bis ins kleinste Detail. Er berichtete von ihrer Gefangennahme, dem Zeithopper und von ihrer Flucht. Mit ganz besonderem Stolz erzählte er den Teil mit den Säcken voller Diebesgut und dem Getreide.

Als er mit seinem Bericht fertig war, meinte Andrea: „Gratulation, das habt ihr ja gut hingekriegt“, doch es war keineswegs als Kompliment gemeint. Schon der nächste Satz holte Alex aus allen Wolken. „Weißt du überhaupt, was du uns damit eingebrockt hast?“

„Aber warum, ich … wie meinst du das?“ Alex war verwirrt. Er hatte Lob und Anerkennung erwartet.

„Du hast doch gesagt, die beiden haben euch erkannt, oder?“, fragte Andrea.

„Ja“

„Na also. Was meinst du wohl, wo die beiden ihre vermisste Beute suchen werden, wenn sie draufkommen, dass sie fehlt? Dass mein Fräulein Schwester nicht so weit denkt, ist mir schon klar, aber von dir hätte ich mehr Verstand erwartet“, fauchte sie.

Alex saß da wie vom Blitz getroffen. „Ich Hornochse! Ich Riesenrindvieh“, rief er und schlug sich dabei auf den Kopf. „Warum hab ich daran nicht gedacht?“

Alle schwiegen.

„Was schlägst du vor? Was machen wir jetzt?“, fragte Alex nach einiger Zeit recht kleinlaut.

„Zuerst holen wir uns den Zeithopper wieder und dann machen wir, dass wir hier wegkommen. Morgen Nachmittag müssen wir sowieso die Heimreise antreten, oder …? Bis dahin werden wir diesen Kerlen schon nicht über den Weg laufen", sagte Andrea.

„Und was sagen wir Lukas?", wollte Tanja wissen.

„Am besten gar nichts", schlug Alex vor. „Wenn wir das mit dem Zeithopper selbst auf die Reihe kriegen, müssen wir ihm auch die Sache mit dem Gold nicht erklären."

Dieser Vorschlag fand bei den Mädchen großen Anklang. Er würde ihnen eine Menge Ärger ersparen.

Sie besprachen eben die Einzelheiten, als es an der Tür klopfte und laute Stimmen aus dem Wohnraum zu hören waren. Es war Quintus und hinter ihm stand Marcus Antonius. Verblüfft starrten die vier ihn an.

„Was ist? Ihr habt doch gesagt, dass ich herkommen soll, wenn ich was rausfinde. Und da bin ich."

„Ja, ja, komm rein", sagte Alex schnell und rappelte sich auf. Er hatte mit vielem gerechnet, aber nicht, dass Marcus Antonius wirklich herkommen würde. Und ohne seine Bande im Rücken schien er ein ganz normaler Junge zu sein.

Marcus Antonius ließ sich lässig auf eines der Betten fallen und begann zu erzählen: „Ich hab mich über euren nächtlichen Besucher erkundigt. Ein ganz übler Bursche. Er hat einen Partner, einen Gladiator, aus dem Circus Maximus. Hab gehört, dass die beiden für einen reichen Pinkel arbeiten sollen. Seit ungefähr zwei Wochen läuft da irgendetwas ganz Geheimes ab. Worum es genau geht, weiß ich nicht, nur dass die beiden sich seither ständig hier bei uns in der Subura herumtreiben. Und dieser Gaius Verres, der jetzt vor Gericht steht, soll auch was damit zu tun haben. Euer Zeug soll er auch haben."

„Bis jetzt erzählt er uns nichts Neues", dachte Andrea. „So weit waren wir auch schon."

„Weißt du, wo wir diesen Gaius Verres finden können?", fragte Alex.

„Ja, weiß ich."

„Kannst du uns hinführen?", erkundigte sich Andrea.

„Was springt für mich dabei raus?"

„Ach, komm schon, muss denn immer was für dich drin sein", versuchte Quintus mit Marcus Antonius zu verhandeln. „Kannst du nicht einmal was für jemanden tun, ohne eine Gegenleistung zu verlangen?"

„Dann wäre doch mein guter Ruf im Eimer", rechtfertigte sich Marcus Antonius.

„Wie wär's damit? Wir nehmen dich mit, wenn wir uns unsere Tasche zurückholen, und du kannst dann damit prahlen, den berühmten Gaius Verres aufs Kreuz gelegt zu haben", schlug Alex vor. „Na, was sagst du?"

Marcus Antonius überlegte. „Gut, abgemacht. Damit kann ich leben." Er hielt Alex die Hand entgegen und der Junge ergriff sie. Damit war das Geschäft besiegelt.

„Wann geht's los?", forschte Quintus nach. Er konnte das Abenteuer gar nicht mehr erwarten.

„Gleich morgen Früh", sagte Alex ausweichend. „Nach dem heutigen Theater lässt uns Lukas bestimmt keinen Schritt mehr vor die Tür setzen."

„Dann werde ich jetzt besser heimgehen", verkündete Quintus. „Ich möchte nicht zu spät kommen. Sonst fasse ich am Ende noch Hausarrest für morgen aus. Das wäre nicht gut, wo doch Pompeius' Spiele morgen beginnen."

„Ja, ja, geh nur, Muttersöhnchen", hänselte ihn Marcus Antonius.

„Vergiss ihn. Wir sehen einander morgen", sagte Alex zu Quintus und schob ihn bei der Tür hinaus. Dann drehte er sich um und tauschte einen Verschwörerblick mit den Mädchen.

„Was soll das jetzt wieder werden?", fragte Marcus Antonius, dem der Blick nicht entgangen war.

„Wir gehen heute Nacht noch", erklärte ihm Andrea.

„Ja … aber … habt ihr nicht eben gesagt …?"

„Das war gerade eben. Genau das soll Quintus glauben", sagte Alex. „Wir wollen ihn da nicht mit hineinziehen. Er hat mit dem Zeitho… äh, mit dem Medaillon nichts zu tun. Wir wollen ihn nicht in Gefahr bringen."

„Und was ist mit mir?", fragte Marcus Antonius. „Wer interessiert sich dafür, ob ich in Gefahr gerate?"

„Das ist was anderes. Du bist Marcus Antonius. Dein Mut ist hier überall bekannt. Oder stimmt das nicht?“, meinte Tanja scheinheilig.

Marcus Antonius fühlte sich sehr geschmeichelt. Aufgeplustert wie ein Truthahn erwiderte er: „Natürlich. Ihr habt Recht. Also gehen wir heute Nacht. Ich warte an der Hausecke auf euch.“

Für Alex, Tanja, Andrea und Cornelia begann ein langes Warten in der Dunkelheit. Alex, der sich das Zimmer mit Lukas teilte, sollte den „Startschuss“ geben, sobald sein Gegenüber eingeschlafen war. Pech war nur, dass Lukas so ganz und gar nicht müde war. Er erzählte Alex dies und das. Der Junge gähnte schon auffällig und tat schließlich so, als würde er einschlafen. Es schien ewig zu dauern, bis schließlich ein erlösendes Schnarchen aus dem Nachbarbett ertönte. Das Unternehmen „Rettet den Zeithopper“ konnte beginnen.

Auf Zehenspitzen schlich sich Alex ins Nebenzimmer. Dort fand er Andrea dösend vor und Tanja schlief bereits fest. Nur Cornelia, die Nachteule, war noch wach. „Das wird aber auch Zeit. Ich dachte schon, du kommst überhaupt nicht mehr.“

„Tschuldigung. Lukas wollte einfach nicht einschlafen.“

„Los, los. Beeilt euch“, scheuchte Alex die müden

Mädchen auf. „Wer weiß, wie lange Marcus Antonius noch ausharrt."

Er wartete noch, aber mit äußerst schlechter Laune. „Was meint ihr wohl, wie viele Betrunkene mich in der Zwischenzeit angepöbelt haben", maulte er. „Habt es gar nicht verdient, dass ich so lange auf euch warte."

Doch er beruhigte sich rasch wieder und führte sie quer durch die Stadt bis hinaus aufs Marsfeld. Hier vor der Stadt stand Gaius Verres' Villa. Der Besitz war von einer steinernen Mauer umgeben. Dahinter erstreckte sich ein wunderschön angelegter Garten. Die weißen Marmorstatuen strahlten sogar in der Nacht und der Mond spiegelte sich im Gartenteich. Ein kleiner Springbrunnen vor dem Hauseingang plätscherte leise vor sich hin.

„Hier lang“, flüsterte Marcus Antonius und führte die kleine Gruppe zum Haus. In einer kleinen Laube, von der aus man ins Atrium, den freien Platz in der Mitte des Hauses sehen konnte, blieb er stehen. „Ich warte hier“, verkündete er.

Alex sah ihn überrascht an. Er hatte gedacht, Marcus Antonius würde mitkommen wollen, doch so mutig, wie er immer tat, war er anscheinend doch nicht.

„Gut, warte hier auf uns“, sagte Andrea. „Und du auch, Cornelia.“

Cornelia war fassungslos. Was ihre Schwester ihr soeben angetan hatte, war Hochverrat. „Das ist … unfair“, protestierte sie. Doch es half nichts. Nun stellte sich auch noch Alex auf Andreas Seite. „Andrea hat Recht. Du hältst hier Wache. Falls jemand kommt, holst du uns.“

„Von wegen Wache halten. Die haben doch bloß Angst, dass ich wieder zu laut bin“, maulte Cornelia leise vor sich hin. Beleidigt setzte sie sich nieder. Marcus Antonius ließ sich neben sie ins Gras fallen und grinste. „Was regst du dich so auf? Lass sie doch die Drecksarbeit machen, wenn sie unbedingt wollen.“

Ein Papier aus ferner Zukunft

Auf leisen Sohlen schlichen Alex, Tanja und Andrea weiter in die Höhle des Löwen. Als sie mitten im Atrium standen, sahen sie, dass im Wohnraum noch Licht brannte. Stimmen drangen an ihre Ohren. Der Rest des Hauses war in Finsternis gehüllt. Wie Motten dem Licht folgten sie dem Schein der Lampe. Geistergleich glitten sie an der Wand des inneren Gartens entlang. Am Fuß des etwas erhöhten Wohnraumes angelangt, konnten sie vier Männer erkennen. Sie lagen auf ihren Liegen und stopften Hühnchen in sich hinein. Alex duckte sich hinter einem Säulensockel und die Mädchen taten es ihm gleich. Dann lugte er vorsichtig hinter der Marmorsäule hervor.

„Da sind ja die beiden Halunken“, flüsterte Alex, als er auf der ersten Liege Marius und Titus Lucius entdeckte. Die beiden anderen kannte er nicht. Doch einer von ihnen musste Gaius Verres sein. „Wahrscheinlich ist es der Lange dort“, dachte Alex. Dieser Mann hatte etwas Überhebliches, Aalglattes an sich. Seine Toga war aus feinstem Stoff, prachtvolle Ringe zierten seine Finger. Er saß mit dem Gesicht zu ihnen und grinste Marius und Titus Lu-

cius an. Der vierte Mann war von einer Säule verdeckt. Nur seine Füße waren zu sehen und seine tiefe Stimme drang an ihre Ohren: „Ich kann mir nicht vorstellen, dass ein Haufen Halbwüchsiger unsere Pläne durchkreuzt und die Beweise aus Cäsars Wohnung verschwinden lässt. Aber es spielt auch keine Rolle."

„Aha, er spricht von uns", dachte Tanja und spitzte die Ohren.

„Aber Tatsache ist, dass Cäsar eine Gefahr ist. Wir hätten ihn gleich beseitigen sollen, als die Götter uns diese Prophezeiung zugetragen haben", fuhr der Mann fort und klopfte dabei erbost auf ein Stück Papier. „So ein Größenwahnsinniger. Will Kaiser von Rom werden! Die Götter wollten das verhindern, sonst hätten sie uns diese Schriften nicht geschickt." Er warf das Blatt achtlos auf das Tischchen neben ihm.

„Darin stimmen wir dir zu, Senator", sagte Gaius Verres und nickte zustimmend.

Andrea starrte ihre Freunde an und machte eine fragende Geste: „Wovon redet er da?"

Schon fuhr Gaius Verres fort: „Ich vermute, dieses Amulett oder was es auch immer ist, ist der Schlüssel dazu." Er deutete auf irgendetwas, das der Senator in der Hand zu haben schien.

„Vermutlich." Die leicht geöffnete Hand des Senators wurde sichtbar – Gaius Verres griff nach dem „Amulett".

„Der Zeithopper!“, flüsterte Alex aufgeregt.

Gaius Verres legte das metallene Ding mit den vielen Knöpfen auf das kleine Tischchen neben seiner Liege. „Marius, bist du sicher, dass diese beiden Kinder wissen, wie es funktioniert?“

„Sie wissen es. Ganz bestimmt“, sagte Marius und nickte eifrig. „Spätestens morgen Früh werden sie es uns sagen. Wenn nicht freiwillig, dann wird Titus Lucius ein bisschen mit seinen Folterwerkzeugen nachhelfen. So oder so, morgen werden wir es wissen“, rief er begeistert.

„Das hoffe ich für euch beide. Noch ein Versagen werde ich nicht dulden“, sagte Gaius Verres mit einem Lächeln, das einen Vulkan eingefroren hätte.

Marius und Titus Lucius erstarrten. Mit Gaius Verres war nicht zu scherzen. Das hatten sie schon des Öfteren erfahren müssen.

„Gut, wie auch immer, ich überlasse diese Sache deinen fähigen Händen, mein Freund“, sagte der Senator zu Gaius Verres und reichte ihm die Hand. Gaius Verres ergriff sie und schüttelte sie kräftig. Es war eine starke Hand, bis weit auf den Handrücken hinauf schwarz behaart. Ein dicker goldener Armreifen zierte sie.

„Komm schon, geh einen Schritt weiter vor“, forderte Alex den Senator in Gedanken auf. Doch der Senator tat ihm den Gefallen nicht. Er blieb hinter der Säule stehen.

„Es bleibt also bei unserer Abmachung, Senator? Ich erledige Cäsar und du sorgst dafür, dass ich freigesprochen werde“, bestätigte Gaius Verres.

Der Senator ließ ein gefährliches Murren hören: „Morgen im Circus Maximus. Wenn ich Julius Cäsar die Hand schüttle, ist das für dich das Zeichen, Titus Lucius. Ich hoffe, du bist tatsächlich so gut wie dein Ruf.“

„Ich habe bis jetzt immer mein Ziel getroffen“, erwiderte Titus Lucius stolz.

„Gut, dann bis morgen“, sagte der Senator und ging auf den Ausgang des Wohnraums und somit direkt auf Alex, Andrea und Tanja zu. Nun hieß es: „Alles in Deckung! Aber schnell!“ Mit einem Hechtsprung rettete sich Alex hinter den nächsten Ginsterbusch. Tanja und Andrea verschwanden hinter einer Gartenbank. Gerade noch rechtzeitig, denn in der nächsten Sekunde tauchte der Senator auf. Er schritt zielstrebig dem Ausgang entgegen. Alex erwischte gerade noch einen Blick auf den Rücken des Senators. Er war ein riesiger, breitschultriger Mann mit Stiernacken. Seine Beine und Arme waren schwarz behaart. Doch so behaart sein Körper auch war, so kahl war sein Kopf. Dort war nur noch ein feiner Haarkranz zu sehen. Die Schädeldecke glänzte im Mondlicht. Dann war der Senator im Dunkeln verschwunden. Die drei wollten eben wieder zu ihrem Beobachtungsposten zurückkehren, als schon die

Nächsten über die Schwelle des Wohnzimmers traten. Schnell duckten sich die drei wieder. Marius und Titus Lucius kamen heraus, gefolgt von Gaius Verres. Alle drei verschwanden Richtung Garten. Alex, Andrea und Tanja blieben im Dunkeln zurück. Schweigend saßen sie in ihren Verstecken und dachten nach. Ein Anschlag auf Cäsar!? Das konnte nicht sein! Das durfte nicht sein! So stand das nicht im Drehbuch der Geschichte. Verschwörungen wurden in Rom ständig angezettelt. Das war ganz normal. Aber ein Mordanschlag im Circus Maximus, vor Tausenden von Zuschauern? Was in drei Teufels Namen hatte diese Männer so weit gebracht? Gaius Verres hasste Cäsar aus persönlichen Gründen. Aber dieser Senator. Was konnte einen Senator veranlassen, so eine Tat zu planen. Hatte ihm Cäsar etwas angetan? Sie konnten es sich nicht vorstellen. Es würde noch einige Jahre dauern, bis aus Cäsar der Mann werden würde, der Weltgeschichte schrieb. So viele Fragen! Erst als Alex ganz sicher sein konnte, dass niemand zurückkommen würde, traute er sich hinter seinem Busch hervor. Auch Andrea hievte sich mühsam hoch. Ihr Fuß war eingeschlafen. Sie kämpfte gegen das unangenehme Kribbeln in ihrem Bein. „Wir müssen Cäsar warnen", sagte sie gepresst und schüttelte den Fuß aus.

„Sicher, aber zuerst holen wir uns den Zeithopper", sagte Alex.

Der Zeithopper! Ob er noch im Wohnraum auf dem Tischchen lag? Sie stürzten die Marmorstufen zum Wohnraum hinauf. Das Tischchen war leer! Andrea ließ ihren Blick durchs Zimmer schweifen. Es sah aus wie auf einem Schlachtfeld. Überall lagen abgenagte Hühnerknochen, leere Gläser und Papiere herum, aber keine Spur vom Zeithopper.

„Das ist doch Zum-aus-der-Haut-fahren“, schimpfte Alex und raufte sich die Haare. „Das ist jetzt schon das zweite Mal, dass der Zeithopper vor unserer Nase wieder verschwunden ist.“

„Einer von ihnen muss ihn mitgenommen haben“, meinte Tanja. „Aber wer?“

Wer hatte ihre Rückfahrkarte in ihre Zeit?

„Als ich ihn zuletzt gesehen habe, lag er hier auf dem Tisch“, sagte Alex und zeigte auf ein kleines vollgeräumtes Tischchen. „Dann hat vermutlich Gaius Verres den Zeithopper mitgenommen, denn er saß genau daneben.“

Eine Weile standen Alex, Andrea und Tanja ratlos zwischen den Liegen. Dann sagte Alex schließlich: „Hilft alles nichts. Er ist nicht hier. Wir sollten jetzt wirklich machen, dass wir hier wegkommen. Wir müssen Lukas um Hilfe bitten und Cäsar warnen.“

„Einverstanden“, stimmte Tanja zu. „Vielleicht haben wir ja morgen bei den Spielen Gelegenheit, diesem Gaius Verres das Gerät abzuluchsen.“

„Hoffentlich“, sagte Andrea niedergeschlagen. „Sonst können wir es uns hier in Rom gleich für immer gemütlich machen.“

Für immer! Was für eine Vorstellung!

Enttäuscht machten sich die drei auf den Weg zurück. Sie waren schon fast bei der Laube angekommen, als Andrea plötzlich wie angewurzelt stehen blieb und keuchte: „Oh mein Gott. Ich weiß, was passiert ist.“

„Was ist los?“, fragte Alex besorgt.

„Ich weiß, warum das alles passiert. Ich muss noch mal zurück.“ Andrea drehte sich um und lief zurück.

„Was soll das?“, flüsterte Tanja verdutzt. „Wir sind doch schon fast draußen, was macht sie da?“

Ihr Bruder sah sie nur schulterzuckend an und folgte Andrea wieder zurück ins Haus.

Auch Marcus Antonius und Cornelia wechselten einen fragenden Blick. Ihre Freunde waren schon zum Greifen nahe und dann drehten sie einfach wieder um. Was war in sie gefahren?

Andrea steuerte auf das mit Papyrusrollen überfüllte Tischchen zu. Ihr Blick glitt suchend über die Papiere. Dann griff sie nach einem Blatt und hob es hoch. „Ich hab’s doch geahnt. Ich bin schuld“, stammelte sie und starrte auf den Zettel in ihrer Hand. „Das ist alles meine Schuld. Diese Irren wollen Cäsar umbringen und alles

nur deswegen.“ Sie reichte Alex das vollgeschmierte Blatt Papier und er wusste sofort, was sie so entsetzte. „Eine Seite aus unserem Theaterstück?! Wie kommt die denn hierher?“, rätselte er.

„Als Lukas kam und uns ins alte Rom mitnehmen wollte, hab ich gerade an dieser Seite gearbeitet. Ich hab sie vor dem Zeitsprung in meine Tasche gestopft. Irgendwie muss sie herausgefallen sein.“

„Was ist so schlimm daran?“, wollte Tanja wissen. Sie kannte den Inhalt der Seite nicht.

„Das ist der Teil, in dem Cäsar den Rubikon überschreitet und mit seinem Heer nach Rom reitet. Er löst damit einen Bürgerkrieg aus und am Ende siegt er", erklärte Alex.

Andrea war jetzt den Tränen nahe. „Deshalb will dieser Senator Cäsar umbringen", schniefte sie.

Tanja nahm das Blatt Papier in die Hand und las:

Cäsar: Ihr alle, die ihr meine Feinde seid, werdet sterben, wenn ihr euch mir in den Weg stellt.
Erzähler: Cäsar gibt seinem Pferd die Sporen und überquert den Rubikon, gefolgt von seinem treuen Heer. Die Städte auf seinem Weg ergeben sich und jubeln ihm zu. „Ave Cäsar", rufen sie. Und bald steht Cäsar mit seinem Heer vor den Toren Roms. Seine Gegner, allen voran der große Pompeius Magnus, haben indes die Flucht ergriffen.
Cäsar: Bürger Roms, stellt euch nicht gegen mich, dann wird es euch gut ergehen.
Erzähler: Auch in Rom wird er jubelnd empfangen.

Tanja ließ das Blatt sinken. „Aha, verstehe", sagte sie und reichte Andrea die Seite. „Wenigstens haben wir sie wieder. Stell dir nur vor, was diese Seite noch alles anrichten könnte? Nicht auszudenken."

Andrea rollte die Seite ein und nickte. Sie verließen eben den Raum, als plötzlich Gaius Verres mit einer Fackel in der Hand vor ihnen stand. Er starrte die drei kurz an und begann zu schreien: „Eindringlinge, Diebe … schnell. Marius, Titus Lucius … fasst sie."

Eine Schrecksekunde lang zögerten die drei, dann brüllte Alex: „Lauft! Schnell!"

Gleichzeitig stürmten sie los. Tanja führte das Fluchtkommando an. Dicht auf ihren Fersen folgten Andrea und Alex. Gaius Verres hatte erkannt, wohin die drei wollten und versuchte ihnen den Weg abzuschneiden. Ein Wettlauf um den Brunnen im Atrium begann. Mittlerweile waren auch Marius und Titus Lucius hinter ihnen her. Ein Stimmengewirr setzte ein.

„Haltet sie!"

„Wo?"

„Da lang!"

Entsetzt mussten Cornelia und Marcus Antonius mit ansehen, was sich abspielte. „Schneller, schneller!", feuerte Cornelia die Flüchtenden in Gedanken an. Es sah beinahe so aus, als würden sie es schaffen, doch dann stolperte Tanja. Andrea konnte nicht mehr rechtzeitig ausweichen und stürzte über ihre Freundin. Die Papierrolle in ihrer Hand flog in hohem Bogen durch die Luft. Alex sprang über die beiden hinweg. Von der anderen Seite versuchte er noch Andrea und Tanja hochzuziehen, doch zu spät. Gaius Verres und seine Helfer hatten die drei erreicht und packten sie.

Die Papierrolle war unbemerkt bis vor Cornelias Füße gerollt. Sie griff danach und wollte aufspringen, doch Marcus Antonius hielt sie am Boden.

„Lass los, ich muss ihnen helfen", zischte Cornelia den Jungen an.

„Bist du verrückt?", flüsterte er. „Sie werden dich auch noch erwischen." Er zerrte Cornelia vom Haus weg, in den Schutz der Gartenmauer und hinaus auf die Straße. Cornelia leistete keinen Widerstand mehr. Sie stand zu sehr unter Schock. Wie hatte das nur geschehen können? Sie saßen furchtbar in der Patsche. Wie sollte sie Lukas erklären, was mit Andrea, Tanja und Alex geschehen war? Doch viel schlimmer war die Vorstellung, was Gaius Verres mit ihren Freunden und ihrer Schwester anstellen würde.

Der Kerker wartet

„Das glaub ich einfach nicht“, schnauzte Marius Alex an. „Wie oft an einem Tag muss ich dich eigentlich einsperren. Wie bist du dort überhaupt rausgekommen?“

Gaius Verres sah Marius verdattert an. „Würdest du mir das bitte erklären. Wer sind diese Kinder und was suchen sie in meinem Haus?“

„Den Jungen hab ich im Lagerhaus am Hafen eingesperrt. Eigentlich sollte er dort auch noch sein. Keine Ahnung, wie er rausgekommen ist.“ Marius begann nervös mit den Augenlidern zu zwinkern. „Er und ein Mädchen …“, er stutzte, „… aber die ist nicht dabei … jedenfalls die beiden haben uns nachgeschnüffelt. Die haben dieses … Amulett gesucht … das ist der Junge, der weiß, wie's funktioniert.“

„Sehr freundlich von dir, extra herzukommen, und mir zu verraten, wie es funktioniert“, meinte Gaius Verres und schritt die Reihe seiner jungen Gefangenen ab. Er nahm den Zeithopper aus der Tasche und hielt ihn den Kindern vor die Nase. „Also, ich höre …?“, sagte er und hielt eine Hand ans Ohr.

Niemand sagte ein Wort. Die Vorstellung, dass Gaius

Verres dann in der Weltgeschichte herumtoben würde, ließ ihnen kalte Schauer über den Rücken laufen. Doch ganz abgesehen davon: Nur Lukas wusste, wie man den Zeithopper bediente.

„Niemand? Auch gut, spätestens morgen werdet ihr darum betteln, uns alles sagen zu dürfen." Verres drehte sich zu Titus Lucius um. „Ihr habt doch sicher noch Platz für drei Freiwillige, die sich an der Tierhatz beteiligen wollen, nicht wahr? Und wir werden es Pompeius nicht einmal in Rechnung stellen, hahaha."

Titus Lucius grinste hämisch, schnappte die Kinder und führte sie ab.

„Bis morgen in der Arena", rief ihnen Gaius Verres nach. „Ich werde dort sein, falls ihr mir noch etwas zu sagen habt."

„Wenigstens führen sie uns nicht wieder in dieses alte Lagerhaus", flüsterte Alex erleichtert, als sich Titus Lucius mit seinen Gefangenen dem Circus Maximus näherte. Er dachte mit Schrecken daran, was geschehen würde, wenn Marius und Titus Lucius herausfinden würden, was Cornelia und er in der Lagerhalle angerichtet hatten.

Titus Lucius führte sie in einen Kerker und lachte: „Willkommen in der Arena." Dann schubste er sie nacheinander in eine leere Zelle und schloss das Eisentor.

Krachend fiel es zu. Die vergitterte Zelle war mit stinkendem, altem Stroh ausgelegt. Ein kleines Fenster ließ ein wenig Mondlicht herein. In der Nebenzelle saßen schmuddelige, ausgehungerte Gestalten in einer Ecke zusammengekauert und beobachteten die Neuankömmlinge. Das hier war die andere Seite Roms, die aus Armut und Elend bestehende, die, die keiner sehen wollte.

„Was habt ihr denn ausgefressen?“, fragte ein alter, zahnloser Mann. „Ihr seht nicht aus wie Sklaven.“

„Wir waren zu neugierig“, sagte Tanja verzagt. „Was werden sie mit uns machen?“

„Tierhatz“, sagte der alte Mann gleichmütig. „Das ist das Vorprogramm zu den Gladiatorenkämpfen.“

„Tierhatz? Was heißt das?“

„Das heißt – du gegen den Tiger oder Löwen oder was immer sie grade dahaben. Dreimal darfst du raten, wer gewinnt!“

„Das ist ein Scherz, oder?“, fragte Andrea ungläubig.

„Ein Scherz, sagt sie“, lachte der Mann bitter. „Was denkst du wohl, wer diese Geräusche da macht?“

Geräusche? Erst jetzt bemerkten die drei das Kratzen und Fauchen. Es war nicht deutlich zu hören. Wahrscheinlich trug es der Wind von irgendwo herüber. Aber es waren eindeutig Tierlaute. Unheimliche, gefährlich klingende Tierlaute. „Ich werde gleich ohnmächtig“, dachte Andrea. So sollte ihr Ende aussehen? Gefressen von einem Löwen im alten Rom? Nein, das konnte einfach nicht wahr sein.

Alex schien Andreas Gedanken zu lesen. „Cornelia wird uns rausholen“, sagte er aufmunternd. „Du wirst schon sehen. Und außerdem, wir waren schon in schlimmeren Situationen.“

„Ach ja, und in welchen?“, fragte Tanja.

„Na zum Beispiel … ähm … na ja und als wir …“, stotterte Alex. Doch es fiel ihm einfach nichts ein.

Cornelia hatte in dieser Nacht auch nichts zu lachen. Sie zermarterte sich das Gehirn, um einen Weg zu finden, wie sie ihre Freunde befreien konnte. Zu ihrer Überraschung stand ihr Marcus Antonius zur Seite.

„Wenn ich nur wüsste, was diese Kerle jetzt vorhaben“, sagte Cornelia und klopfte sich mit der Papierrolle, die Andrea fallen gelassen hatte, auf den Kopf.

„Tja, wo sie deine Freunde hinbringen, weiß ich nicht, aber der große, das war Titus Lucius, der ehemalige Gladiator. Den findest du morgen im Circus Maximus bei den Spielen.“

„Bei den Spielen?!“ Cornelia wurde bleich. „Das hab ich ja total vergessen. Dort müssen wir morgen hin. Cäsar hat uns eingeladen, mit ihm auf der Ehrentribüne zu sitzen.“

„Auf der Ehrentribüne?“ Marcus Antonius war begeistert. „Dort bin ich noch nie gesessen“, sagte er neidisch. „Da hat man eine tolle Aussicht.“

Cornelia drehte immer noch an dem Stück Papier und versuchte nachzudenken.

„Was hast du da eigentlich?“, fragte Marcus Antonius.

„Das?! Ein Stück Papier.“ Was war das überhaupt? Gedankenverloren rollte sie es auf und wurde bleich. „Ach du Schreck!“ Cornelia erkannte die Seite aus dem Stück „Cäsar erobert Rom“ sofort. Sie hatte diese Zeilen so oft mit ihrer Schwester, der Regisseurin des Theaterstücks, geprobt, dass sie es beinahe auswendig kannte. Andrea hatte diesen Zettel im Fallen verloren. War das Absicht gewesen? Sollte Cornelia diesen Zettel in Sicherheit bringen …? Natürlich! Denn dieser Zettel war wie eine Bombe.

„Zeig her?“, sagte Marcus Antonius und riss Cornelia das Papier aus der Hand. Er warf einen Blick drauf. „Aha, verstehe“, sagte er und gab es Cornelia gleich wieder zurück.

Das Mädchen sah ihn verständnislos an. „Was heißt verstehe …?“ Doch dann ging ihr ein Licht auf. „Sag mal, du kannst gar nicht lesen, oder?“

Verlegen biss sich Marcus Antonius auf die Unterlippe und wisperte: „Na ja, nicht besonders gut. Oder besser gesagt … gar nicht.“ Er war nun tomatenrot angelaufen und seine Ohren brannten wie Feuer. Bestimmt würde ihn das Mädchen jetzt auslachen.

„Macht doch nichts. Du wirst es schon noch lernen“, sagte Cornelia und versuchte ihre Erleichterung zu verbergen. Marcus Antonius konnte die „Cäsar-überquert-den-Rubikon-Geschichte“ gar nicht lesen. Zum Glück. Es wussten sowieso schon zu viele Römer über den Inhalt dieses Zettels Bescheid. „Ich verwette meinen Hut, dass dieses Papier der Grund für unser Schlamassel ist“, dachte Cornelia. „Ich muss dieses Schriftstück unbedingt loswerden, bevor es noch mehr Schaden anrichtet.“

Auf dem Heimweg in die Subura warf sie den Zettel in ein noch glimmendes Feuer. Cornelia blieb so lange stehen, bis nur noch Asche zu sehen war. „Das wäre geschafft“, sagte sie zufrieden.

„Was stand denn drinnen?“, wollte Marcus Antonius wissen.

„Nichts, nur ein Kochrezept“, sagte Cornelia und versuchte gleichgültig zu wirken.

„Ein Kochrezept“, spottete Marcus Antonius. „Ich glaub dir kein Wort. Ich glaub eher, das war ein Liebesbrief. Hab ich Recht?“

„Also gut, du hast Recht“, sagte Cornelia und tat verlegen.

„Ist doch nicht so schlimm“, sagte Marcus Antonius

und blickte Cornelia in die Augen. „Solange du niemandem verrätst, dass ich nicht lesen kann, sag ich nichts von deinem Liebesbrief. Einverstanden?“

„Einverstanden“, strahlte Cornelia ihn an. Sollte er doch glauben, es sei ein Liebesbrief gewesen. Ihr war das egal. Sie hatte andere Probleme. „Ich werde jetzt heimgehen und Lukas die ganze Geschichte beichten“, sagte sie, nachdem sie eine Weile schweigend nebeneinander hergegangen waren. Doch Marcus Antonius widersprach ihr. „Das ist keine gute Idee.“

„Warum nicht?“

„Weil dein Onkel auch nichts ändern kann. Sieh mal, dieser Gaius Verres ist viel zu mächtig. Er hat überall in Rom seine Spitzel und Handlanger. Du brauchst dir doch nur diesen Dieb und Titus Lucius anschauen. Ich meine, Titus Lucius war ein sehr berühmter Gladiator. Er würde sich nicht von irgendeinem dahergelaufenen Würstchen Befehle erteilen lassen. Dein Onkel hat nicht die geringste Chance, die drei zu befreien.“

„Und was soll ich deiner Meinung nach sonst tun? Ich kann doch nicht herumsitzen und Däumchen drehen.“

„Das nicht, aber ich hab da schon eine Idee. Du gehst erst mal nach Hause und lässt dir eine Geschichte für deinen Onkel einfallen. Ich werde mich in der Zwischenzeit ein wenig umhören. Vielleicht bekomme ich raus, wo die drei stecken.“

Cornelia zögerte. „Bist du sicher, dass ich nicht mitkommen soll?“ Sie waren bereits vor ihrer Wohnungstür angekommen.

Marcus Antonius sah sie beleidigt an. „Traust du mir etwa nicht?“

„Doch, schon, ich meinte nur …“, stotterte Cornelia verlegen.

„Na also, dann sehen wir einander im Circus Maximus“, sagte Marcus Antonius und eilte die Treppen hinunter.

Zurück blieb eine zutiefst verunsicherte Cornelia. Konnte sie Marcus Antonius wirklich vertrauen? Nach allem, was Quintus über ihn gesagt hatte, war er ein Halunke. Doch was sollte sie sonst tun?

Der Tag brach bereits an, als sie todmüde und erschöpft in ihrem Zimmer ankam. Lukas schlief noch. So hatte sie noch ein wenig Galgenfrist. Sie legte sich aufs Bett und versuchte, sich eine gute Ausrede zurechtzulegen. Doch ihre Augenlieder wurden immer schwerer und nach wenigen Minuten hatte sie den Kampf gegen die Müdigkeit verloren.

Cornelia hatte kaum eine Stunde geschlafen, als sie von Lukas geweckt wurde. Da war sie, die gefürchtete Frage: „Wo sind die anderen?“

Cornelia rieb sich den Schlaf aus den Augen und

stammelte: „Schon fort. Wollten mit Marcus Antonius einen guten Platz im Circus Maximus ergattern."

Lukas sah sie ungläubig an. „Was? So zeitig?" Warum hatte er bloß das Gefühl, dass hier irgendetwas faul war? „Und wieso bist du nicht mitgegangen?", bohrte er nach.

„War viel zu müde", sagte Cornelia und gähnte. „Alex hat gesagt, wir sollen nachkommen", log sie.

„Und du bist sicher, dass du mir nicht noch etwas erzählen willst?", fragte Lukas eindringlich.

Am liebsten hätte Cornelia drauflosgeheult: „Sie sind gekidnappt worden! Dafür ist aber ein Zettel von unserem Theaterstück in dieser Zeit gelandet und wer weiß, wie viele Römer jetzt wissen, dass Cäsar einen Bürgerkrieg auslösen wird." Doch stattdessen sagte sie nur: „Das ist alles. Sie treffen uns im Circus Maximus."

„Na gut", meinte Lukas und ging achselzuckend hinaus.

Cornelia vergrub ihren Kopf in den Kissen und schluchzte: „Wenn das nur gut geht."

Alex, Tanja und Andrea machten in der Zwischenzeit kein Auge zu. Sie hatten sich auf dem muffigen Stroh zusammengekauert. Es stank wie in einer riesigen Kloake und die Geräusche, die aus den Tierkäfigen kamen, waren schlichtweg grauenhaft. Außerdem knurrte den dreien der Magen. Zwar hatte ihnen ein Wächter eine große Schüssel glitschiges Irgendwas durch die Gitterstäbe geschoben, aber keiner von ihnen hatte Lust, diese schleimige Masse zu kosten. „Dann schon lieber hungern“, sagte Tanja und schob die Schüssel weg.

„Seht doch! Der Brei lebt!“, kreischte Andrea. Zuerst sah man nur die Fühler, doch dann tauchte ein schwarzbraun gepanzerter Käfer auf.

„Igitt, eine Kakerlake“, sagte Alex und rutschte angewidert ein Stück von der Schüssel weg. Der Appetit war ihm gründlich vergangen.

„Esst ihr das nicht mehr?“, fragte der alte Mann aus der Nachbarzelle und deutete auf die Schüssel. „Kann ich sie haben?“

„Aber gerne“, sagte Alex und schob ihm die Schüssel durch die Gitterstäbe.

„Die Götter mögen dich beschützen. Bist ein guter Junge“, murmelte der alte Mann dankbar und begann, die Schüssel leerzuschlürfen. Die Kakerlake schnippte er einfach mit den Fingern weg.

Andrea drehte sich der Magen um.

„Ah, das war lecker“, sagte der Alte zufrieden und reichte den Kindern die Schüssel zurück. „Mein Name ist Castico. Freut mich, eure Bekanntschaft zu machen“, stellte er sich vor. Alex, Andrea und Tanja reichten dem alten Castico nacheinander die Hand und stellten sich ihrerseits vor. Es war schön, an so einem hässlichen Ort ein freundliches Gesicht zu sehen.

„So, so, sie schicken euch heute in die Arena“, sagte Castico. „Ist schon eine Weile her, dass sie Kinder in die Arena geschickt haben. Was habt ihr bloß ausgefressen?“

„Wir sind einem Kerl Namens Gaius Verres in die Quere gekommen“, sagte Alex.

„Oh, dem“, sagte Castico und nickte vielsagend. „Der hat schon viele arme Hunde hergeschickt. Er sieht auch immer persönlich zu. Der ist ein ganz fieser Typ, dieser Gaius Verres. Aber jetzt soll's ihm selber an den Kragen gehen, hab ich gehört …“

„Wir gehören aber gar nicht hierher …“, platzte Andrea heraus.

„Keiner von uns gehört hierher“, sagte Castico. „Wir sind zwar nur Sklaven, aber so sollte man nicht mit Menschen umspringen. Nur zum Vergnügen der Schaulustigen sterben Tausende von uns und Gladiatoren schlagen sich die Köpfe ein. Die sind schon ein komisches Volk, diese Römer.“

„Bist du kein Römer?“, fragte Tanja.

„Aber nein, wo denkst du hin. Wäre ich ein Römer, würde ich wohl kaum hier drinnen sitzen. Nur Verbrecher und Sklaven schicken sie in die Arena. Verbrecher bin ich keiner, aber Sklave schon mein ganzes Leben lang.“ Und so erfuhren sie Casticos Lebensgeschichte. Er erzählte ihnen von Gallien, dem Land der langhaarigen Wilden, wie die Römer es nannten, von der Eroberung seines Dorfes und von seiner Gefangennahme. Er war damals noch ein kleiner Junge gewesen, als sie ihn auf dem Sklavenmarkt von seiner Mutter getrennt und an eine römische Adelsfamilie verkauft hatten. Dort war es ihm recht gut gegangen. Er hatte in der Küche geholfen und im Stall. Doch dann, als er ein junger Mann war, war sein Herr gestorben und er wurde an einen Soldaten verkauft. So war er an dessen Seite von Krieg zu Krieg gezogen und hatte Helme und Rüstungen geputzt. Das war eine Zeit lang gut gegangen. Doch dann hatte plötzlich ein Soldat behauptet, Castico hätte ihn bestohlen. Deshalb hatte man ihn in die Arena geschickt. Irgendwie hatten die Wächter Mitleid mit ihm gehabt und jedes Mal, wenn sie gekommen waren, um Sklaven oder Verbrecher für die Tierhatz zu holen, hatten sie ihn zurückgelassen. „Du bist viel zu mager für die Löwen, Alterchen. Die wollen was mit ordentlich viel Fleisch dran“, hatten die Wärter immer gesagt. So hatte Castico die letzten drei Jahre hier im Kerker verbracht. „Dabei wär ich nicht böse, wenn sie mich einem Löwen zum Fraß vorwerfen würden“, sagte Castico nachdenklich. „Ich bin schon so alt und ein Löwe ist doch ein schönes Tier. Ist besser, als hier im

Kerker dahinzusiechen und von den Ratten gefressen zu werden."

„Aber ich will nicht vom Löwen gefressen werden!", protestierte Andrea. „Egal, ob schönes Tier oder nicht. Darauf kann ich verzichten."

„Dann hast du nur eine Chance, Mädchen …", sagte Castico. „Du musst dort draußen eine so gute Vorstellung geben, dass die Menschen in der Arena deine Rettung verlangen."

„Ah, du meinst Theaterspielen?", fragte Alex.

„Wenn du es so nennen willst."

„Großartig! Bei deinem schauspielerischen Talent sind wir geliefert, Alex", sagte Andrea resignierend.

„Wieso … was soll das?" Alex war empört. „Willst du damit etwa sagen …?"

„Genau das will sie", stellte sich nun auch Tanja auf Andreas Seite. „Denk doch bloß mal an deine ‚Auch-du-mein-Sohn-Brutus-Kicher-Szene'. Muss ich noch mehr sagen?"

„Wieso, was wollt ihr denn, vielleicht fällt ja der Löwe vor Lachen tot um, wenn ich loslege?", sagte Alex und grinste spitzbübisch.

Andrea sah den Jungen fassungslos an, doch dann musste auch sie lachen. Als dann auch noch Tanja einstimmte, verstand Castico gar nichts mehr.

„Diese Jugend", sagte er nur kopfschüttelnd und zog

sich wieder auf sein Strohlager in der Ecke des Kerkers zurück.

Die Stunden verflogen und ehe sie sich versahen, war es Mittag. Die Sonne warf ein paar wärmende Strahlen in den Kerker und ließ den Staub in der Luft tanzen. Von draußen drangen vergnügte Stimmen herein. Die Arena füllte sich. Bald würden die Spiele beginnen. Alex, Tanja und Andrea saßen nebeneinander an der Kerkerwand und suchten nach einem Ausweg. „Nur noch vier Stunden bis zum Zeitsprung“, sagte Alex düster.

Daran hätte er die beiden Mädchen nicht erinnern müssen. Sie dachten an nichts anderes.

„Das wird diesmal wohl nicht klappen“, sagte Tanja. „Bis dahin sind wir wahrscheinlich schon Löwenfutter. Und selbst wenn nicht. Gaius Verres wird den Zeithopper bestimmt nicht freiwillig rausrücken.“

„Wartet mal“, unterbrach Andrea die beiden. „Hat nicht Castico gesagt, dass Gaius Verres immer zusieht, wenn er jemanden hergeschickt hat?“

„Hat er“, bestätigte Alex. „Du meinst … wenn er hier ist, haben wir noch eine Chance, ihm das Ding abzuluchsen und …“

„Wenn man vom Teufel spricht“, sagte Tanja und deutete auf den Mann, der sich ihrem Verlies näherte. Es war Gaius Verres, wie üblich mit einem überheblichen Grinsen im Gesicht.

„Was für ein wunderschöner Tag“, sagte er. „Nun, habt ihr es euch überlegt?“

„Was überlegt?“, fragte Alex trotzig.

„Ob ihr mir sagen wollt, wie dieses Gerät funktioniert. Und ob ihr leben oder weiter stumm bleiben und dafür sterben wollt?“

„Wir wissen es doch nicht“, sagte Andrea verzweifelt.

„Ehrlich!“, fügte Tanja hinzu.

Gaius Verres schüttelte den Kopf. „Wie ihr wollt. Wisst ihr, im Grunde brauch ich euch gar nicht für die Antwort. Ich halte mich lieber an euren Onkel. Er wird mir bestimmt sagen, was ich wissen will.“ Gaius Verres drehte sich um und verließ den Kerker, vergnügt vor sich hinpfeifend. Alles lief nach Plan. Er würde diese drei lästigen Zeugen loswerden und die Antwort trotzdem bekommen. Wenn Marius Recht hatte und dieses Gerät die Götter rufen konnte, würde er bereits heute Nachmittag all seine Sorgen los sein.

Während Gaius Verres selbstzufrieden auf die Ehrentribüne stapfte, kam auf Alex, Tanja und Andrea der nächste Ärger zu.

„Wo ist dieser kleine Bastard!“, brüllte plötzlich jemand. „Ich reiß ihm den Kopf ab!“

Marius kam, gefolgt von Titus Lucius, auf sie zu.

„Wache!“, brüllte er und rüttelte an den Gitterstäben. „Wache! Schließt sofort diesen Kerker auf, damit ich diese kleine Ratte zertreten kann.“ Er brüllte so laut, dass sich seine Stimme überschlug und in einem Quieken endete. Seine Augenlider zuckten wie verrückt. Er war einem Tobsuchtsanfall nahe. Alex starrte Marius entsetzt an und Andrea und Tanja gingen in Deckung.

„Wo ist es? Wo ist mein Gold? Was hast du damit gemacht?“, japste Marius, jetzt nach Luft ringend.

Alex stand wie versteinert da. Es dauerte eine Weile, bis er verstand. Marius musste im Lagerhaus gewesen sein und entdeckt haben, dass seine Schätze weg waren.

„Lasst mich da sofort hinein, ich prügle es aus ihm heraus. Und wenn er es nicht sagen will, erwürg ich ihn gleich hier!“

„Aber Gaius Verres will ihn in der Arena haben“, warf Titus Lucius ein.

„Ist mir doch egal, was Gaius Verres will.“

„Aber …?!“

„Los, aufmachen!“

„Schon gut, er sagt’s dir“, fuhr Andrea dazwischen.

„Ich sag’s ihm?“, fragte Alex verwirrt.

„Ja, du sagst ihm, wo wir es versteckt haben“, erwiderte Andrea und zwinkerte dabei nervös mit dem linken Auge.

„Ah, verstehe“, murmelte Alex.

„Kommt schon, macht's nicht so spannend", schnauzte Marius die beiden an. „Wooo ist es?"

Alex sah Andrea hilfesuchend an.

„Auf der Via Appia. Hinter dem großen, runden Grabmonument auf der linken Seite", sagte Andrea.

„Das kenn ich", murrte Marius und an Titus Lucius gerichtet. „Komm, gehen wir."

Doch Titus Lucius rührte sich nicht vom Fleck. „Einer meiner Gladiatoren-Schüler hat bald einen Kampf und außerdem muss ich ‚den' Auftrag ausführen."

„Ach so, na gut." Marius dachte kurz nach. „Dann bleibst du hier und ich hol unsere Beute zurück."

„Und was ist mit uns?", wollte Tanja wissen. „Dürfen wir jetzt gehen?"

„Gehen? Die Kleine ist wirklich witzig", sagte Marius amüsiert. „Klar dürft ihr gehen. In einer halben Stunde – in die Arena." Sein Lachen hallte noch durch den Kerker, als er schon längst um die Ecke verschwunden war.

„Dieser Mistkerl! Dieser ekelige Schleimbeutel! Dieser … Aargh!", kreischte Tanja.

„Vergiss ihn", versuchte Andrea ihre Freundin zu beruhigen. „Denk lieber an sein Gesicht, wenn er herausfindet, dass von seinem Vermögen nichts mehr übrig ist."

„Lass uns bloß hoffen, dass wir nicht mehr da sind, wenn er zurückkommt", sagte Alex.

Die Spiele mögen beginnen

Während Alex, Andrea und Tanja in ihrem Gefängnis überlegten, wie sie ihre Haut retten könnten, trabte Cornelia niedergeschlagen hinter Lukas und Julius Cäsar her. Je näher sie der Arena kamen, umso verzweifelter wurde sie. Von Marcus Antonius hatte sie noch nichts gehört. Konnte sie sich wirklich auf sein Wort verlassen? Was, wenn er nicht kam? Was sollte sie dann bloß tun? Wie ihren Freunden helfen, wenn sie noch nicht einmal wusste, wo sie waren?

Sie hatten jetzt den Circus Maximus erreicht. Cäsar führte sie hinauf auf die Ehrentribüne und stellte sie den Konsuln Pompeius Magnus und Marius Crassus vor. Auch andere Senatoren wurden ihnen vorgestellt, doch Cornelia achtete gar nicht darauf. Sie hielt immer noch nach Marcus Antonius Ausschau. „Er hat mich nicht verladen, er wird kommen." An diesen Gedanken klammerte sie sich. Die Arena war zum Bersten voll. Die Menschen jubelten und schrien, als sich Pompeius Magnus erhob. Es waren seine Spiele und er würde sie eröffnen. Stolz trat er an die Brüstung, ließ ein weißes Tuch in die Arena fallen und verkündete mit fester Stimme: „Die Spiele mögen beginnen."

Und noch immer keine Spur von Marcus Antonius. Cornelia war den Tränen nahe.

Die Fanfaren ertönten und die ersten Streitwagen rollten zur Parade in die Arena. Die Menge fieberte dem kommenden Ereignis entgegen. Was hatte sich der große Pompeius einfallen lassen? Womit würde er sie überraschen, um seine Spiele unvergesslich zu machen? Die Streitwagen hatten die Arena wieder verlassen. Und noch immer keine Spur von –

Da, da war er, unten auf der Tribüne quetschte er sich durch die Menge und arbeitete sich an die Ehrentribüne heran. Cornelias Herz machte einen Luftsprung. Er hatte Wort gehalten. Marcus Antonius versuchte, ihr etwas zu sagen, doch sie konnte ihn nicht verstehen. Seine Worte gingen im Lärm unter. Doch es musste wichtig sein. Marcus Antonius versuchte es immer wieder. Cornelia beugte sich so weit als möglich nach vorne. Dann wurde es plötzlich still in der Arena. Ein erstauntes OHHH ging durch die Menge. Cornelia hörte Marcus Antonius schreien: „Der Handschlag ist das Zeichen, der Handschlag ist …" Dann ging seine Stimme wieder im Getöse der Menge unter. Als Cornelia sich aufrichtete, glaubte sie ihren Augen nicht trauen zu können. In der Arena standen … Oh nein. Da standen Alex, Andrea und Tanja …

Zusammen mit ein paar anderen unglücklichen Gestalten wurden Alex, Andrea und Tanja durch einen steinernen Korridor getrieben, der direkt in die Arena führte. Gewaltiger Lärm brandete ihnen entgegen. Zu ihrer Verteidigung hatte man ihnen einen hölzernen Speer in die Hand gedrückt. Der einzige Hoffnungsschimmer war Marcus Antonius gewesen. Er war im Kerker erschienen, knapp bevor sie abgeholt wurden. Hatte die Wachen angepöbelt, in seiner typisch überheblichen Art: „Wollte mir nur den Löwenfraß anschauen, bevor er verdaut ist“, hatte er übermütig gegrölt. Die Wachen hatten das amüsant gefunden und ihm den Spaß gelassen. „Na, ihr Helden, da habt ihr euch aber schön was eingebrockt“, hatte er dann geflüstert. Alex hätte niemals gedacht, dass er sich einmal über Marcus Antonius' Gesicht so freuen würde.

„Du musst uns helfen“, hatte ihn Tanja angefleht. „Kannst du uns hier rausholen?“

„Das kann ich nicht. Gaius Verres ist hier. Er will unbedingt euren Tod. Was habt ihr dem bloß getan? Ist ja auch egal. Auf jeden Fall werden Quintus und ich schon was für euch drehen. Werdet schon sehen. Ihr müsst nur noch ein kleines bisschen durchhalten.“

„Du musst Cornelia unbedingt was sagen ...“

Marcus Antonius war gegangen, um das Mädchen zu suchen.

Da standen sie nun – in der Arena. Ein markerschütterndes Brüllen kündigte an, dass etwas sehr Hungriges und schlecht Gelauntes sich auf die Gruppe zubewegte. Dann erschienen die riesigen Tatzen eines Bären am Ende eines Laufganges, der in die Arena führte. Ein erstauntes OHHH ging durch die Menge. Der Bär trottete in die Mitte der Arena, stellte sich auf die Hinterpfoten und brüllte angriffslustig. Eine Frau neben Tanja brach ohnmächtig zusammen. „Riesig! Aufgefressen vom Teddybären", keuchte Tanja, „Das klingt noch viel bescheuerter als aufgefressen vom Löwen oder Tiger."

Alex und Andrea wechselten einen raschen Blick. „Kannst du gerne haben", sagte Alex und zeigte auf ein Gittertor, das sich auf der anderen Seite der Arena geöffnet hatte. „Da kommt dein Tiger."

„Ich hab's nicht so gemeint", japste Tanja.

Als die Zuschauer das Tier erblickten, ging ein begeistertes Raunen durch die Menge. Der Tiger antwortete mit einem lauten Brüllen.

„Rückzug, aber ganz langsam", flüsterte Alex und schob die beiden Mädchen in Richtung der Gittertore, hinter denen die Wagenboxen lagen. Er wusste ganz genau, dass jede schnelle Bewegung die Aufmerksamkeit der Raubkatze auf sich ziehen würde.

Die anderen Gefangenen hatten sich ängstlich zusammengedrängt und versuchten, den Bären abzuwehren.

Ein kräftiger Mann hatte ihn an der Flanke verletzt. Aber der Hieb hatte das Tier nur noch wütender gemacht. Die Menge erfreute sich an dieser schauerlichen Darbietung und feuerte die Tiere an. Der Bär versetzte dem Mann einen Prankenhieb. Blut spritzte und ein AAHHH ging durch die Menge. Auch der Tiger war auf den verletzten Mann aufmerksam geworden. Lauernd, jederzeit zum Sprung bereit, umkreiste er den Bären und dessen Beute. Doch der Bär hatte nicht vor, sich seine Beute streitig machen zu lassen. Er stellte sich auf die Hinterbeine und schlug mit den Pranken in Richtung Tiger.

Wie gebannt beobachteten Alex, Tanja und Andrea das Geschehen. Da erregte ein Geräusch hinter ihnen ihre Aufmerksamkeit.

„Das glaub ich nicht!“, stammelte Andrea, als das große Gittertor einer Wagenbox knirschend aufschwang. Ein leerer Streitwagen kam aus der Box. Die vorgespannten Pferde schnaubten ängstlich und blieben schließlich stehen. In der leeren Box erkannten Tanja, Andrea und Alex Quintus, der ihnen zuwinkte. Das war ihre Chance! Obwohl sie am liebsten gerannt wären, bewegten sie sich langsam auf den Wagen zu. Die Pferde wurden immer unruhiger. Es sah aus, als wollten sie jeden Moment durchgehen. Als Alex nach einer endlos scheinenden Minute die Zügel der Pferde ergriff, klopfte sein Herz bis zum Hals. Auch Andrea und Tanja hatten mit schlotternden Knien den Streitwagen erreicht.

Der Tiger hatte in der Zwischenzeit den Bären angegriffen. Die Tiere bildeten ein fauchendes und brüllendes Knäuel.

Ein begeistertes AHHH und OHHH ging durch die Menge, als der Streitwagen losfuhr. Die Römer begannen sich auf die Seite des „Futters“ zu stellen. Die Götter mussten auf der Seite dieser Kinder stehen.

„Wir müssen den anderen helfen!“, rief Andrea.

Alex nickte und lenkte den Wagen in Richtung der anderen Gefangenen.

„Da oben sind Cornelia und Lukas“, rief Tanja plötzlich und zeigte auf die Ehrentribüne. Cornelia, die zwischen Cäsar und Lukas saß, winkte aufgeregt. Lukas’ Gesicht hatte jegliche Farbe verloren. Er war wie in Trance.

Auch Gaius Verres stand auf der Tribüne. Nervös trommelte er mit den Fingern auf eine Marmorsäule. Diese Kinder zogen die Menge auf ihre Seite. Das gefiel ihm ganz und gar nicht. Sein Plan schien aus dem Ruder zu laufen. Er war so auf das Geschehen in der Arena konzentriert, dass er den Jungen gar nicht beachtete, der ihn gerade angerempelt hatte.

Bär und Tiger kämpften noch immer miteinander, als der Streitwagen bei den anderen Gefangenen hielt. Andrea und Tanja waren inzwischen auf die Pferderücken geklettert, um im Streitwagen Platz zu machen. Die Menge war aufgesprungen und jubelte den Kindern nun offen zu. Und dann begannen die ersten Rufe: „Gnade.“ Zuerst nur vereinzelt, doch dann immer lauter.

So etwas hatte man in Rom noch nicht gesehen. Gefangene, die einander halfen, anstatt ihre eigene Haut zu retten.

„Gnade“, riefen nun die Römer im Chor. „Gnade.“ Alle Augen waren auf Pompeius Magnus gerichtet. Als er aufstand, verstummte die Menge. Pompeius streckte seine riesige Hand nach vorne und dann … ging der Daumen nach oben. Jubel brach los.

„Siehst du, Alex, jetzt bist du doch noch zu deiner Streitwagenfahrt gekommen“, sagte Andrea lachend und weinend zugleich.

Sie waren gerettet.

Während Alex den Streitwagen auf die offene Wagenbox zulenkte, betrat ein Trupp mit Netzen und Schwertern bewaffnete Männer die Arena. Sie näherten sich vorsichtig den vom Kampf gezeichneten Tieren.

Tanja blickte zur Tribüne. Lukas war auf seinem Sitz in sich zusammengesunken und atmete tief durch. Cornelia stand zwischen ihm und Cäsar und winkte. Doch dann drängte sich jemand zwischen die beiden und … schüttelte Cäsar die Hand. Eine schwarz behaarte Hand mit einem goldenen Armreifen hatte nach Cäsars Hand gegriffen.

„Das Zeichen“, keuchte Tanja. „Alex, sieh nur, er hat gerade das Zeichen gegeben.“ Ihre Blicke suchten nach Titus Lucius. Sie konnten ihn in der Menge nicht entdecken.

Doch der ehemalige Gladiator hatte das Zeichen gesehen. Hinter einer Säule versteckt, spannte er seinen Bogen.

Alex gab die Zügel der Pferde an einen Gefangenen

weiter und sprang vom Wagen. Wild gestikulierend rannte er, von Tanja und Andrea gefolgt, auf die Tribüne zu.

„Der Handschlag ist das Zeichen", klang es in Cornelias Kopf. Sie hatte nicht verstanden, was Marcus Antonius ihr damit hatte sagen wollen. Bis jetzt. Gerade eben wäre sie noch am liebsten vor Freude in die Luft gesprungen. Alex, Andrea und Tanja hatten es geschafft. Sie würden frei sein. Eben noch hatte sie ihnen gewunken, doch dann hatte ihr jemand die Sicht verdeckt. Ein großer Mann mit Halbglatze hatte sich vor sie gestellt und sie auf ihren Sitzplatz gedrückt. Dann hatte dieser Mann dem neben ihr stehenden Julius Cäsar die Hand gereicht und in Cornelias Kopf war ein Feuerwerk der Erkenntnis explodiert. „Der Handschlag ist das Zeichen", flüsterte sie. Der Mann stand immer noch vor ihr und verdeckte ihr die Sicht. Sie reckte ihren Kopf, um an dem wuchtigen Mann vorbeisehen zu können. Unten in der Arena erblickte sie Alex und Andrea, die wild gestikulierend in ihre Richtung gelaufen kamen.

Dann entdeckte sie Titus Lucius. Er hatte den Bogen bereits gespannt. Der Pfeil zeigte genau in ihre Richtung. Nein, in Cäsars Richtung. Was sollte sie tun? Schreien! Doch sie brachte keinen Ton heraus. Und dann sah sie den Pfeil fliegen. Mit aller Kraft wuchtete sie sich aus dem Sessel und warf sich gegen den Händeschüttler.

Der riesige Mann taumelte schräg nach vor und drängte Cäsar im Fallen zurück.

„Argh.“ Entsetzt sah der Senator an sich hinunter. Ein Pfeil steckte mitten in seiner Brust und Blut sickerte aus der Wunde. In der Menge wurden panische Aufschreie laut.

„Ein Senator wurde angeschossen.“

„Wo ist der Schütze?“

Der Senator brach zusammen.

„Der war es!“, hörte man eine Stimme schreien. Und dann zeigten Tausende Finger auf Titus Lucius. „Der ehemalige Gladiator Titus Lucius hat auf den Senator geschossen“, rief eine Stimme. „Titus Lucius war es!“

Gaius Verres beobachtete die Szene mit steinerner Miene. Ihm war das Grinsen vergangen. Sein Plan war schiefgelaufen. Nun musste er retten, was zu retten war. Er würde sich diese drei Kinder schnappen und die Funktion dieses Gerätes aus ihnen herausprügeln. Denn das Gerät hatte er wenigstens noch. Zufrieden klopfte er mit der Hand auf seine Tasche. Doch sie war … „Leer!“, brüllte Gaius Verres.

Während sich die Wachen auf Titus Lucius stürzten, tauchte plötzlich Marcus Antonius vor Cornelia und Lukas auf. „Ihr müsst schnell verschwinden. Wir haben einen Wagen für euch vor dem Eingang versteckt. Quintus holt die anderen. Beeilt euch“, sagte er.

„Wieso Wagen? Ich versteh nicht“, sagte Lukas. „Cornelia, kannst du mir das erklären?“

„Später!“

„Da drüben kommt Gaius Verres“, rief Cornelia. „Und er sieht wütend aus.“

„Hat was verloren, der Ärmste. Beeilt euch“, drängte Marcus Antonius.

Sie liefen los. Kurz vor dem Ausgang trafen sie auf

Alex, Andrea, Tanja und Quintus. Am liebsten wäre Cornelia jedem einzeln um den Hals gefallen, doch Marcus Antonius schob sie zum Ausgang weiter: „Dafür habt ihr später noch Zeit."

Sie hatten eben das Tor erreicht, da ertönte ein schrilles „Halt, stehen bleiben!". Es war Marius.

„Oh, oh. Er weiß, dass es keine Beute mehr gibt", sagte Alex und beschleunigte seine Schritte. Am Treppenabsatz erschien auch noch Gaius Verres.

Höchste Zeit, sich dünn zu machen.

Vor dem Eingang wartete tatsächlich ein Pferdegespann mit einem kleinen Wagen dahinter. „Mehr konnten wir in der Eile nicht auftreiben", sagte Marcus Antonius entschuldigend.

„Der Wagen ist toll", rief Cornelia begeistert. „Wo habt ihr ihn her?"

„Ich bin Marcus Antonius. Für mich ist das ein Klacks. Na ja, Quintus hat auch geholfen", sagte Marcus Antonius und boxte Quintus freundschaftlich in die Seite.

„Viel Glück", wünschte Marcus Antonius, als sich der Wagen in Bewegung setzte.

„Danke – und ich nehme alles zurück, was ich über dich gesagt habe. Du bist total in Ordnung", sagte Alex mit belegter Stimme.

Auch Marcus Antonius druckste herum. Doch dann fiel ihm etwas ein. „Ach ja, das hätte ich fast vergessen. Danach habt ihr doch gesucht", rief er ihnen nach. Er zog ein Stück Metall aus seiner Tasche und warf es ihnen zu. Es war der Zeithopper, der da in hohem Bogen durch die Luft geflogen kam.

„Wie hast du …?", begann Andrea.

„Hab es Gaius Verres aus der Tasche geklaut", rief er und grinste übers ganze Gesicht. „Deshalb ist er so sauer."

„Du bist der Beste", rief Tanja und warf ihm eine Kusshand zu.

„Alles Gute", rief Quintus. Er und Marcus Antonius liefen noch neben dem Wagen her, bis er zu schnell für sie wurde.

Eine perfekte Vorstellung

Fortuna lächelte wieder für die fünf Zeitreisenden. Sie hatten den Zeithopper zurück – und das buchstäblich in letzter Sekunde. Sie mussten nun doch nicht für den Rest ihres Lebens in Rom bleiben. Hurrraaa!!!

Es waren nur noch vier Minuten bis zum Zeitsprung. Die Stadtmauer lag bereits hinter ihnen. Der Wagen holperte auf der Via Appia dahin. Schwarze Wolken verfinsterten den Himmel. Jeden Moment würden sich die Himmelsschleusen öffnen und dem Land den lang ersehnten Regen bringen. Ein gewaltiger Regenbogen, so farbenprächtig, wie ihn die Kinder noch nie gesehen hatten, spannte sich vor ihnen. Er sah aus wie ein gewaltiges Tor, auf das Lukas, Alex, Andrea, Cornelia und Tanja zurasten.

Doch noch hatten sie es nicht geschafft. Marius und Gaius Verres waren hinter ihnen her. Und sie holten auf.

„Dort vorne sind sie", schnaubte Gaius Verres. Er trieb sein Pferd unbarmherzig an. Er wollte das wertvolle Metallstück wiederhaben. Auch Marius wollte seine Beute zurück. „Siehst du das“, rief er und deutete auf den Regenbogen: „Das Tor zur Unterwelt.“

Der Regenbogen leuchtete in den hellsten Farben. Nun bildete sich sogar noch ein zweiter Regenbogen, gleich hinter dem ersten. Marius hatte genug gesehen. Er würde keinen Schritt mehr weiterreiten und zügelte sein Pferd. Es war gefährlich für die Lebenden, dem Tor zur Unterwelt zu nahe zu kommen. Gaius Verres dagegen ritt weiter. Ein paar Meter trennten ihn noch von dem Wagen, als plötzlich ein grelles Licht aufblitzte und … der Wagen leer weiterfuhr.

Die fünf waren verschwunden! Alle! Nur der Pferdewagen war geblieben. Gaius Verres zügelte sein Pferd und blickte dem Wagen entsetzt hinterher. „Die Götter haben sie geholt“, stammelte er immer wieder. „Die Götter …“ Er stand immer noch da und starrte dem führerlosen Wagen nach, als der Regen schon in Strömen auf ihn niederprasselte.

Laut polternd kugelten Lukas und die Kinder wie aus dem Nichts in den Proberaum des Schultheaters. Keine Minute war seit ihrer Abreise in die Vergangenheit vergangen. Nur für Lukas, Alex, Andrea, Tanja und Cornelia hatte diese Minute aus einhundertdrei Stunden bestanden. Vier Tage voller Abenteuer im alten Rom.

Nachdem sie alle einmal tief durchgeatmet hatten,

baute sich Lukas vor ihnen auf: „Ich glaube, ihr wollt mir etwas erklären“, sagte er streng.

„Weißt du, wir dachten, wir schaffen das alleine“, begann Cornelia.

„Na ja, und dann ist auf einmal alles schiefgegangen …“

„Und dann haben uns diese Kerle erwischt …“

„… und sie wollten Cäsar umbringen“, sagte Tanja.

„Nun mal langsam. Eines nach dem anderen“, unterbrach Lukas das Durcheinander. Nach und nach erfuhr er nun, was sich in den letzten Tagen hinter seinem Rücken zugetragen hatte. „Mhm“ und „Aha“ waren alles, was er zwischendurch von sich gab.

„Alles war meine Schuld. Hätte ich den Zettel aus dem Theaterstück nicht verloren, wäre das alles nicht passiert“, schloss dann Andrea den Bericht.

Lukas blickte von einem zum anderen. Aus. Vorbei. Lukas würde sie nun nie wieder auf eine Zeitreise mitnehmen. Nicht nach allem, was vorgefallen war. Sie hatten Dutzende Male gegen die „Nichteinmisch-Regel“ verstoßen. Doch zu ihrer Verwunderung geschah nichts dergleichen. Ganz im Gegenteil. Lukas grinste. „Ihr seid doch eine fürchterliche Bande. Jedes Mal, wenn ich mit euch unterwegs bin, hab ich danach ein paar graue Haare mehr.“

„Du bist uns nicht böse?“, wollte Cornelia wissen.

„Eigentlich sollte ich das, aber wenn ihr mir versprecht, dass ihr mir nie wieder etwas verheimlicht, dann werde ich's für diesmal dabei belassen."

„Versprochen", kam es von allen vieren wie aus einem Mund.

„Was wird nun aus Gaius Verres und seinen Kumpanen?", wollte Andrea wissen.

„Die Geschichte wird ihren normalen Verlauf nehmen", sagte Lukas. „Der Senator hat nichts mehr in der Hand, nachdem ihr den Zettel verbrannt habt. Und er wird sich hüten, irgendjemandem zu erzählen, dass der Pfeil Cäsar galt und nicht ihm. Gaius Verres werden sie den Prozess machen, wie vorgesehen. Da er seinen Teil der Abmachung nicht erfüllt hat, wird ihn der Senator nicht schützen. Titus Lucius wird mächtig Ärger bekommen, weil er auf einen Senator geschossen hat, und Marius wird sein verlorenes Vermögen wieder neu zusammenstehlen müssen. Julius Cäsar wird all die Dinge tun, die in den Geschichtsbüchern zu lesen sind. Ach ja, und wenn ich mich nicht irre, habt ihr morgen ein Theaterstück aufzuführen."

Das hatten sie. Als sich am nächsten Tag der Vorhang hob, war der Hauptdarsteller wie ausgewechselt. Er war Julius Cäsar schlechthin. Kein Patzer, kein falsches Wort und vor allem kein Lacher kam über seine Lippen.

Robert alias Brutus biss sich an dem sterbenden Cäsar mit seinen Grimassen die Zähne aus.

„Auch du mein Sohn Brutus?“, hauchte Cäsar mit letzter Kraft und starb.

Das Publikum applaudierte und war begeistert. Andrea lachte und weinte zugleich. Gott, war sie eine gute Regisseurin.

Und Tanja und Cornelia pfiffen und jubelten am lautesten von allen.

„Das habt ihr wirklich gut gemacht, Kinder“, murmelte Lukas, der in der letzten Reihe saß. „Bin schon gespannt, was ihr das nächste Mal wieder anstellen werdet.“

Erläuterungen

Apollo · Der Gott des Lichtes und der Dichtkunst.
Arena · Ursprünglich ein großer, mit Sand bestreuter Platz, auf dem die Kampfspiele stattfanden.
Atrium · Die große Eingangshalle im vorderen Teil eines römischen Hauses. Das Dach des Atriums war in der Mitte geöffnet. Ein Becken zum Sammeln des Regenwassers befand sich unter der Öffnung.
Castor und Pollux · Römische Zwillingsgötter, die Schutzgötter der Reiter, Seeleute und der Freundschaft.
Cäsar, Iulius (100–44 v. Chr.) · Entstammte dem Geschlecht der Iulier, das seine Wurzeln auf Iulius, den Sohn des trojanischen Helden Äeneas, zurückführte. 84 v. Chr. heiratete Cäsar Cornelia, die Tochter des Konsuls Lucius Cornelius Cinna und wurde Flamen Dialis, Oberpriester des Jupiter. Sein Onkel war Gaius Marius – damit gehörte Cäsar zu den Popularen. Sulla befahl die Scheidung von Cornelia, doch Cäsar widersetzte sich und verließ Rom. Erst nach dem Tod Sullas kehrte er nach Rom zurück. 68 v. Chr. startete er seine senatorische Laufbahn. Im selben Jahr starb seine Frau Cornelia und Cäsar heiratete Pompeia, eine Enkelin Sullas, von der er sich 62 v. Chr. scheiden ließ. 63 v. Chr. bekleidete Cäsar das Amt des Pontifex Maximus (Oberpriester).
Cäsars erstes wichtigstes Amt außerhalb Roms war die Statthalterschaft in Spanien, vorher verehelichte er sich mit Calpurnia, der Tochter des Konsuls Piso.
Ab 58 v. Chr. Statthalter in Gallien (Teile des heutigen Frankreich). Hier erwirbt sich Cäsar einen Namen als Feldherr. Die Macht Cäsars, der auch eigene Truppen aufstellen durfte, wuchs. Im Jahr 53 v. Chr. war Marcus Licinius Crassus bei einem Feldzug gegen die Parther ums Leben gekommen, das 1. Triumvirat existierte nicht mehr. Im bald darauf folgenden Bürgerkrieg trug

Cäsar den Sieg davon. Damit war der Weg zur Alleinherrschaft in Rom geebnet. Als Staatsmann entfaltete Cäsar eine rege Tätigkeit zur Reformierung des römischen Staatswesens.
Am 15. März 44 v. Chr. wurde Cäsar ermordet.

Cicero, Marcus Tullius (106–43 v. Chr.) · Berühmter Redner und Anwalt, der vor allem wegen seiner republikanischen Haltung und für seine philosophischen Schriften bekannt war.

Circus Maximus · Die größte Rennbahn Roms. Alle Bahnen für Wagenrennen nannte man circus. Und maximus bedeutet „der Größte".

Crassus, Marcus Licinius (ca. 115–53 v. Chr.) · Bekannt für seinen Reichtum. Hatte den Oberbefehl über das Heer beim Sklavenaufstand unter der Führung Spartakus'. Gemeinsam mit Pompeius und Cäsar bildete er ein politisches Bündnis, das so genannte 1. Triumvirat (60 v. Chr.), das 53 v. Chr. mit Crassus' Tod im Krieg gegen die Parther auseinanderbricht.

Forum Romanum · Öffentliche Plätze und Märkte wurden Forum genannt. In Rom und im Römischen Reich gab es viele solcher Foren. Doch das bedeutendste war das Forum Romanum (das „römische Forum"). Es befand sich in der Mitte der Stadt.

Fortuna · Die Göttin des Glücks oder des Zufalls.

Gladiatoren · Männer (selten Frauen), die zur Unterhaltung der Leute in der Arena kämpften. Die meisten Gladiatoren waren Kriegsgefangene, Sklaven oder Verbrecher. Sie kämpften auf Leben und Tod. Ein erfolgreicher Gladiator konnte reich und berühmt werden.

Herkules Invictus · Bedeutet der „unbesiegbare Herkules". Griechischer Halbgott, den zuerst die Etrusker, dann die Römer verehrten. Das Fest des Herkules Invictus fand im August stand.

Hortalus, Quintus Hortensius (114–50 v. Chr.) · Bedeutender Redner und Verteidiger des Gaius Verres.

Jupiter · Römischer Hauptgott, Gott des Wetters und des Himmels. Bei den Griechen wurde er Zeus genannt.

Konsul • Das höchste politische Amt in der Republik. Es gab zwei Konsuln, die für jeweils ein Jahr gewählt wurden.
Legion • Die Haupteinheit der römischen Armee. Zu Friedenszeiten war eine Legion ca. 4.200 Mann stark.
Marius, Gaius (156–86 v. Chr.) • Feldherr und Staatsmann, Führer der Popularen in der Auseinandersetzung mit Sulla.
Marcus, Antonius (83–30 v. Chr.) • Staatsmann und Feldherr. Unterstützte Julius Cäsar nach seiner Rückkehr aus Gallien. 44 v. Chr. gemeinsam mit Cäsar Konsul. Zusammen mit Cäsars Erben, Oktavian (dem späteren Kaiser Augustus), und Marcus Aemilius Lepidus bildete er das 2. Triumvirat (43 v. Chr.). Geriet in späteren Jahren in Auseinandersetzung mit Oktavian.
Optimaten • Bezeichnung für die Parteigänger des Adels und des Senats. Standen im Gegensatz zu den Popularen.
Pompeius, Gnaeus (106–48 v. Chr.) • Wegen seiner zahlreichen militärischen Erfolge erhielt er den Beinamen Magnus, „der Große“. Im Bürgerkrieg auf Seite Sullas. Sein späteres Bündnis mit Cäsar wurde durch die Heirat mit Julia, Cäsars Tochter, gestärkt. Nach Cäsars Rückkehr aus Gallien (49. v. Chr.) stand Pompeius auf der Seite des Senats gegen Julius Cäsar. In der Schlacht von Pharsalos (48 v. Chr.; Griechenland) erlitt er eine vernichtende Niederlage gegen Cäsars Truppen und wurde auf der Flucht getötet.
Popularen • Bezeichnung für die Partei des Volkes (keine Partei in heutigem Sinn), die ohne die Vorberatung des Senat, sondern direkt durch die Volksversammlung Politik machen wollte.
Proskription • Ächtung von Personen, die nach römischen Recht von jedermann getötet werden durften. Vor allem bekannt durch Sullas Proskriptionslisten.
Rubikon • Kleiner Fluss, südlich von Ravenna gelegen, und Teil einer Grenze um Rom, innerhalb derer sich keine Truppen aufhalten durften. Mit der Überschreitung des Rubikons mit seinen Legionen begann Cäsar den Bürgerkrieg und soll dabei den his-

torischen Satz „Alea iacta est“ (Der Würfel ist geworfen) von sich gegeben haben.

Sesterzen · Bekannteste römische Münze. Zur Zeit der Republik meist eine Silberprägung. Zum Vergleich – ca. 80 n. Chr. betrug der Wert an Lebensmitteln, die ein einfacher Bürger am Tag brauchte, etwa 2 Sesterzen, eine Tunika kostete 15 Sesterzen, ein Sklave 2.500 Sesterzen.

Subura · Ein Stadtviertel Roms, in dem viele einfache und arme Menschen lebten, westlich des Forum Romanum gelegen.

Sulla, Cornelius Lucius (ca. 138–78 v. Chr.) · Politiker und Feldherr, Vertreter der Optimaten, Diktator. Zog als Erster mit einem Heer in Rom ein, was streng verboten war.

Tiber · Fluss, der durch Rom fließt.

Toga · Ein Kleidungsstück der römischen Männer. Es war ein großes Wolltuch, das wie ein Umhang übergeworfen wurde.

Tunika · Ein Kleidungsstück für Männer und Frauen, das bis knapp unter die Knie reichte. An den Hüften wurde es von einem Gürtel gehalten.

Via Appia · Die bis heute am besten erhaltene römische Straße. Via bedeutet Straße, benannt wurde sie nach ihrem Erbauer Appius Claudius Ceacus. Sie begann beim Circus Maximus und führte nach Süden. Sie war 540 Kilometer lang.

Verres, Gaius (ca. 115–43 v. Chr.) · Bekannt durch den Prozess, den Cicero gegen ihn führte. Verres soll sich während seiner Zeit als Verwalter auf Sizilien (Proprätor) ungeheurer Schätze bemächtigt haben. Ging ins Exil nach Massilia (Marseille), um der Verurteilung zu entgehen.

Zensor · Ein gewählter Beamter, der Listen aller Bürger aufstellte, über die Moral der Bevölkerung wachte und auch Senatoren aus dem Senat ausschließen konnte.

Zenturie · Eine Abteilung der römischen Legion, die aus 100 Mann bestand. Den Anführer dieser Hundertschaft nannte man Zenturio.

Zeittafel

um 509 v. Chr. · Der letzte römische König wird vertrieben, Rom wird zur Republik. Die oberste Staatsgewalt wird von zwei Konsuln ausgeübt.
Die Spätzeit der Römischen Republik ist von Kriegen und Bürgerkriegen geprägt. In den Punischen Kriegen erlangen die Römer die Herrschaft über den Mittelmeerraum.
Sizilien, Mazedonien, Achaia und Teile Nordafrikas werden römische Provinzen.

100 v. Chr. · Julius Cäsar wird geboren (am 13. Juli).

91–88 v. Chr. · Bundesgenossenkrieg – die italischen Verbündeten Roms erstreiten das volle römische Bürgerrecht.

88 v. Chr. · Lucius Cornelius Sulla wird Konsul.

87–83 v. Chr. · Krieg gegen Mithridates VI., König von Pontos (Kleinasien), unter Führung Sullas.

87–84 v. Chr. · Gewaltherrschaft des Lucius Cornelius Cinna in Rom, Anhänger der Popularen.

86 v. Chr. · Gaius Marius, Anhänger der Popularen und Widersacher Sullas (Anhänger der Optimaten), stirbt.

82 v. Chr. · Sulla kehrt nach Rom zurück und wird Diktator; Verfolgung der Anhänger des Marius.

79 v. Chr. · Sulla dankt ab und stirbt 78 v. Chr.

73–71 v. Chr. · Spartakus führt den großen Sklavenaufstand, der von M. Licinius Crassus niedergeschlagen wird.

70 v. Chr. · Gnaeus Pompeius und Marcus Licinius Crassus werden Konsuln.

58–51 v. Chr. · Julius Cäsar erobert Gallien.

49–45 v. Chr. · Der Bürgerkrieg zwischen Cäsar und Pompeius endet mit einem Sieg für Julius Cäsar, der darauf praktisch Alleinherrscher wird.

47 v. Chr. · Julius Cäsar verhilft Kleopatra auf Ägyptens Thron.

44 v. Chr. · Cäsar wird Diktator auf Lebenszeit. Doch fällt er kurze Zeit später einer Verschwörung zum Opfer, die von Marcus Iunius Brutus und Gaius Cassius Longinus angeführt wird. An den Iden des März (Mitte des Monats) wird er ermordet.
Ein Kampf um seine Nachfolge beginnt zwischen Marcus Antonius und Oktavian.

31 v. Chr. · In der Schlacht bei Actium besiegt Oktavian das Heer von Marcus Antonius. Er nimmt den Ehrennamen Augustus an und wird erster Kaiser von Rom. Das ist das offizielle Ende der Republik, die Kaiserzeit beginnt.

Leben im alten Rom

Rom war die Hauptstadt des römischen Imperiums und auf sieben Hügeln erbaut. Der Legende nach wurden die beiden Brüder Romulus und Remus von einer Wölfin großgezogen. Sie beschlossen an der Stelle, wo sie ausgesetzt wurden, eine Stadt zu gründen. Romulus wurde König und Namensgeber der Stadt Rom.

Zur Zeit Kaiser Augustus' lebte etwa eine Million Menschen in Rom.

Rom verfügte über eine Wasserversorgung und ein gutes Wasserleitungssystem. Wasserrohre brachten das Wasser direkt von den Aquädukten in die Privathäuser, wo man sehr gut lebte. Doch viele Römer wohnten in einem Mietshaus. Dort war das Leben nicht so komfortabel. Oberhalb des ersten Stockes gab es kein fließendes Wasser und nur Gemeinschaftstoiletten. Oft waren die Häuser zu hoch und nachlässig gebaut, stürzten ein oder brannten ab. Viele Straße waren eng, überfüllt und schmutzig. Nicht selten landete der

Abfall, den die Römer aus den oberen Stockwerken warfen, auf den Köpfen der Passanten.

Weil Rom sich immer mehr ausdehnte, wurde es immer schwieriger, die Stadt mit Lebensmitteln aus der Umgebung zu versorgen. So wurden immer mehr Nahrungsmittel aus anderen Teilen des Reiches herbeigeschafft. Olivenöl kam aus Südspanien, Getreide aus Ägypten und Wein aus Gallien (heute Frankreich). Weil es oft zu Hungersnöten kam, ließen die Machthaber Roms Getreide an die Armen verteilen.

Wer Geld hatte, konnte in Rom sehr gut einkaufen. Es gab verschiedene Märkte, wo man alle Arten Fleisch, Obst, Gemüse und Gewürze erstehen konnte. Und die verschiedensten Läden säumten die großen Straßen Roms – Geschäfte für Töpferwaren, Seile, Schuhe usw. Reiche Römer schickten ihre Sklaven zum Einkaufen, ärmere Römerinnen gingen selbst auf den Markt. Die Foren – vor allem das Forum Romanum – waren auch gesellschaftlicher und politischer Treffpunkt der Römer.

Rom hatte einen enormen Bedarf an Arbeitskräften. Nur die Reichsten konnten es sich leisten, Senatoren und Staatsbeamte zu werden, denn Politiker wurden nicht bezahlt. Römer des Mittelstandes waren oft Kaufleute oder Handwerker. Unerlässlich für das Römische Reich waren die Soldaten. Im Ernstfall musste ein Legionär den ganzen Tag marschieren, sein gesamtes Gepäck selbst tragen, beim Aufschlagen eines Lagers Erdarbeiten ausführen und am nächsten Tag kampfbereit sein.

Alle schmutzigen und schweren Arbeiten erledigten die Sklaven. Meist waren es Kriegsgefangene, die auf dem Sklavenmarkt ge- und verkauft wurden.

Zur Unterhaltung der römischen Bevölkerung organisierten die Konsuln und später der Kaiser, aber auch andere reiche Römer, Spiele. Sehr beliebt waren auch Wagenrennen, vor allem die im Circus Maximus, der größten Rennbahn Roms. In den Amphitheatern fanden Gladiatorenkämpfe auf Leben und Tod oder Tierkämpfe statt. Das berühmteste Amphitheater war und ist das Kolosseum, das in der zweiten Hälfte des 1. Jh. n. Chr. erbaut wurde.

Die Römer verehrten viele Götter, denen sie ihre eigenen Tempel bauten. Der oberste römische Gott war Jupiter, der Himmelsgott. Seine Frau Juno war die wichtigste Göttin für Frauen und vor allem Ehefrauen. Die Römer übernahmen viele der griechischen Götter, zum Beispiel Minerva, die Göttin der Künste und Fertigkeiten, die gleichgesetzt war mit Athene, der griechischen Kriegsgöttin. Sehr wichtig war auch Vesta, die Göttin des heiligen Feuers. In ihrem Tempel auf dem Forum Romanum brannte ein Feuer, das nie verlöschen durfte. Die Römer glaubten, dass Rom mächtig bleiben würde, solange es brannte.